Meal Prep und Muskelaufbau Ernährung

Das große 2-in-1 Kochbuch mit schnellen, proteinreichen Rezepten zum Vorkochen und Mitnehmen, für effektiven Muskelaufbau und zur Fettverbrennung.

Inhalt

Meal Prep

Vorwort

Liebe Leserin, lieber Leser,

in einer Welt, die von Ernährungstrends und Diätplänen nur so wimmelt, kann es eine Herausforderung sein, den Überblick zu behalten und die für einen selbst richtige Ernährungsweise zu finden. Das vorliegende Kochbuch soll dabei eine Hilfe sein, indem es den Fokus auf das Meal Prep legt. Dieser Ansatz des Vorkochens und Vorbereitens von Mahlzeiten hat sich für viele als überaus praktisch erwiesen, sei es zur Zeiteinsparung, zur besseren Kontrolle der Ernährung oder einfach zur Steigerung des allgemeinen Wohlbefindens.

Das Buch bietet eine Vielzahl von Rezepten, die sich durch eine einfache Vorbereitung und Lagerung auszeichnen. Ein weiterer Pluspunkt: Mit Meal Prep kann man eine gesunde und ausgewogene Ernährung sicherstellen, ohne auf Genuss zu verzichten. Tatsächlich können sich Geschmack und Gesundheit hervorragend ergänzen.

Es wird immer deutlicher, dass Ernährung mehr ist als nur „Treibstoff" für den Körper. Sie ist ein wesentlicher Bestandteil eines gesunden Lebensstils und kann weitreichende Auswirkungen auf unser Wohlgefühl haben. Mit den Rezepten in diesem Buch möchte ich dir das Vorkochen und die Vorbereitung von Mahlzeiten so einfach und schmackhaft wie möglich gestalten.

Es geht hier nicht nur um das Was, sondern auch um das Wie. Denn die Art und Weise, wie wir Lebensmittel auswählen, zubereiten und letztlich genießen, ist mindestens genauso wichtig wie die Lebensmittel selbst. Egal, ob du bereits Erfahrung mit Meal Prep hast oder gerade erst anfängst: Dieses Buch wird dir den Weg zu einer ausgewogenen und gesunden Ernährung erleichtern.

Viel Freude beim Experimentieren in der Küche!

Hinweis zu den Rezepten

Du wirst vielleicht bemerkt haben, dass in meinem Kochbuch etwas fehlt, was in vielen anderen Kochbüchern üblich ist: Bilder. Ich habe lange über diese Entscheidung nachgedacht und möchte dir gerne erläutern, warum ich diesen unkonventionellen Weg gewählt habe.

In erster Linie glaube ich fest daran, dass das Kochen eine Kunst ist, und wie bei jeder Kunst, spielen Vorstellungskraft und Kreativität eine entscheidende Rolle. Wenn ich dir genau vorschreibe und zeige, wie ein Gericht aussehen sollte, dann könnte ich ungewollt deine eigene Kreativität und Vorstellungskraft einschränken. Ich möchte, dass du dir beim Lesen meiner Rezepte eigene Bilder in deinem Kopf formst, dass du die Zutaten und das Endprodukt in deiner Vorstellung farbenfroh und lebendig visualisierst.

Dann gibt es da noch einen weiteren, sehr persönlichen Grund. Ich bin der Meinung, dass Bilder oft Erwartungen setzen. Wie oft habe ich schon ein Gericht nach einem Rezept zubereitet und war enttäuscht, weil es nicht genau so aussah wie auf dem Bild? Diesen Druck, ein perfektes, fotogenes Ergebnis zu erzielen, möchte ich dir ersparen. Ich möchte, dass du das Kochen genießt, ohne dich ständig mit einem Bild vergleichen zu müssen. Es geht um den Geschmack, das Erlebnis und das Teilen von Mahlzeiten mit denen, die dir nahe stehen, nicht um die Perfektion eines Fotos.

Ein weiterer Aspekt ist die Einzigartigkeit. Jeder von uns hat einen anderen Geschmack, andere Vorlieben und einen anderen Stil beim Anrichten. Wenn du mein Rezept nimmst und es zu deinem eigenen machst, wird es etwas Einzigartiges sein, etwas, das nur du so kreieren kannst. Und dieser Gedanke erfüllt mich mit Freude.

Schließlich möchte ich, dass mein Kochbuch nicht nur eine Anleitung, sondern auch eine Inspirationsquelle ist. Ich hoffe, dass du die Freiheit, die ich dir durch das Fehlen von Bildern gebe, als eine Einladung siehst, zu experimentieren, zu improvisieren und über den Tellerrand hinauszuschauen.

Vegetarisch

Gemüse-Quinoa-Bowl mit Feta

Zubereitungszeit: 30 Minuten
Portionen: 1 Person

Zutaten:

- 50 g Quinoa, gewaschen
- 150 ml Wasser
- 1 EL natives Olivenöl extra
- 1 mittelgroße Karotte, gewürfelt
- 1 kleine Zucchini, in Scheiben
- 5 Kirschtomaten, halbiert
- 50 g Feta, gewürfelt
- 1 Frühlingszwiebel, in feine Ringe geschnitten
- 1 TL Paprikapulver, edelsüß
- Salz und Pfeffer nach Geschmack
- 1 EL Petersilie, gehackt
- 1 EL Bio-Zitronensaft

Zubereitung:

1. Bringe das Wasser in einem Topf zum Kochen. Gib den Quinoa hinzu und koche ihn nach Packungsanweisung, bis er gar ist. Das dauert in der Regel 15-20 Minuten. Anschließend abgießen und beiseite stellen.

2. Erhitze währenddessen das Olivenöl in einer Pfanne. Füge die gewürfelte Karotte und die Zucchinischeiben hinzu und brate sie, bis sie leicht goldbraun sind.

3. Füge die Kirschtomaten zur Pfanne hinzu und brate sie kurz mit an.

4. Würze das Gemüse mit Paprikapulver, Salz und Pfeffer. Brate es noch ein paar Minuten, bis alles gut durch ist.

5. In eine Schüssel den gekochten Quinoa, das gebratene Gemüse, den gewürfelten Feta und die Frühlingszwiebeln geben. Alles gut vermengen.

6. Die Bowl mit gehackter Petersilie bestreuen und mit einem Spritzer Zitronensaft verfeinern.

7. Aufbewahren: Lass alles gut abkühlen. Dann in einen luftdichten Behälter geben und im Kühlschrank aufbewahren. Vor dem Verzehr kann die Bowl kalt genossen oder leicht erwärmt werden.

Spinat-Kichererbsen-Curry

Zubereitungszeit: 25 Minuten
Portionen: 1 Person

Zutaten:

- 50 g frischer Spinat, gewaschen und grob gehackt
- 70 g Kichererbsen aus der Dose, abgetropft und abgespült
- 1 kleine Zwiebel, fein gewürfelt
- 1 TL frischer Ingwer, gerieben
- 1 kleine Tomate, gewürfelt
- 2 EL Kokosmilch, ungesüßt
- 1 TL Currypulver
- 1/2 TL Kurkuma
- 1/4 TL Kreuzkümmel
- 1 EL natives Olivenöl extra
- Salz und Pfeffer nach Geschmack
- 1 EL frischer Koriander, gehackt
- 1 EL Bio-Limettensaft

Zubereitung:

1. In einer mittelgroßen Pfanne das Olivenöl erhitzen. Füge die gewürfelte Zwiebel hinzu und dünste sie, bis sie glasig ist.

2. Gib den geriebenen Ingwer hinzu und brate ihn kurz an, bis er duftet.

3. Füge die gewürfelte Tomate hinzu und lasse sie einige Minuten köcheln, bis sie weich wird.

4. Nun die Kichererbsen, Currypulver, Kurkuma und Kreuzkümmel hinzufügen. Alles gut umrühren und für 2-3 Minuten kochen lassen.

5. Die Kokosmilch und den Spinat hinzufügen. Rühre gut um und lass das Curry köcheln, bis der Spinat welk ist und sich gut mit den anderen Zutaten vermischt hat.

6. Mit Salz, Pfeffer und Limettensaft abschmecken. Zum Schluss mit gehacktem Koriander garnieren.

7. Aufbewahren: Lass das Curry vollständig abkühlen, bevor du es in einen luftdichten Behälter füllst. Im Kühlschrank kann es bis zu 4 Tage aufbewahrt werden. Vor dem Servieren kurz in der Mikrowelle erhitzen.

Zucchini-Nudeln mit Tomatensoße

Zubereitungszeit: 25 Minuten
Portionen: 1 Person

Zutaten:

- 1 mittelgroße Zucchini, in Nudelform geschnitten
- 2 mittelgroße Tomaten, gewürfelt
- 1 kleine Zwiebel, fein gewürfelt
- 1 EL natives Olivenöl extra
- 1 TL Salz
- 1/2 TL Pfeffer
- 1 TL getrockneter Oregano
- 1 TL getrockneter Basilikum
- 2 EL frischer Parmesan, gerieben
- 1 TL Pinienkerne, geröstet

Zubereitung:

1. Erhitze das Olivenöl in einer Pfanne über mittlerer Hitze. Füge die gewürfelten Zwiebeln hinzu und brate sie an, bis sie glasig sind.

2. Gib die gewürfelten Tomaten in die Pfanne und würze sie mit Salz, Pfeffer, Oregano und Basilikum. Lasse die Soße etwa 10 Minuten köcheln, bis sie eindickt.

3. Während die Soße kocht, bereite in einer anderen Pfanne die Zucchini-Nudeln vor. Ohne zusätzliches Öl, brate die Nudeln kurz an, bis sie warm und leicht bissfest sind (nicht zu weich kochen).

4. Mische die Zucchini-Nudeln mit der Tomatensoße und rühre gut um.

5. Streue den frischen Parmesan und die gerösteten Pinienkerne über die Nudeln.

6. Aufbewahren: Lasse die Zucchini-Nudeln und die Tomatensoße separat abkühlen. Bewahre sie in getrennten luftdichten Behältern auf. Bei Bedarf kannst du die Nudeln und die Soße kurz in der Mikrowelle erhitzen. Der Parmesan und die Pinienkerne sollten frisch darüber gestreut werden, nachdem das Gericht erhitzt wurde.

Gefüllte Auberginen mit Bulgur

Zubereitungszeit: 35 Minuten
Portionen: 1 Person

Zutaten:

- 1 mittelgroße Aubergine, halbiert und ausgehöhlt
- 100 g Bulgur
- 200 ml Gemüsebrühe
- 1 kleine Zwiebel, gewürfelt
- 1 EL natives Olivenöl extra
- 1 kleine Tomate, gewürfelt
- 1 kleine Paprika, gewürfelt
- 1 EL frische Petersilie, gehackt
- 1/2 TL Kreuzkümmel
- Salz und Pfeffer nach Geschmack
- 50 g Feta, gewürfelt
- 1 EL Bio-Zitronensaft

Zubereitung:

1. Setze einen Topf mit Wasser auf und koche den Bulgur nach Packungsanweisung in der Gemüsebrühe, bis er gar ist.

2. In einer Pfanne das Olivenöl erhitzen und die Zwiebel darin glasig dünsten.

3. Die gewürfelte Paprika und Tomate hinzufügen und kurz mitdünsten.

4. Nun den gekochten Bulgur, Kreuzkümmel, Salz, Pfeffer und die Petersilie hinzufügen und alles gut vermengen.

5. Die Mischung vom Herd nehmen und den Feta und Zitronensaft unterrühren.

6. Die Auberginenhälften mit der Bulgur-Mischung füllen.

7. Die gefüllten Auberginen in eine ofenfeste Form setzen und bei 180 Grad etwa 20 Minuten backen, bis die Auberginen weich und die Füllung heiß sind.

8. Aufbewahren: Lass die gefüllten Auberginen abkühlen, bevor du sie in einem luftdichten Behälter für bis zu 3 Tage im Kühlschrank aufbewahrst. Zum Verzehr einfach im Ofen oder in der Mikrowelle erwärmen.

Süßkartoffel-Linsen-Eintopf

Zubereitungszeit: 30 Minuten
Portionen: 1 Person

Zutaten:

- 150 g Süßkartoffel, gewürfelt
- 50 g rote Linsen, abgespült
- 1 kleine Zwiebel, gewürfelt
- 1 EL natives Olivenöl extra
- 500 ml Gemüsebrühe
- 1 TL Kurkuma
- 1 TL Paprikapulver, edelsüß
- Salz und Pfeffer, nach Geschmack
- 1 Frühlingszwiebel, in feine Ringe geschnitten
- 1 EL frischer Koriander, gehackt
- 50 ml Kokosmilch, ungesüßt

Zubereitung:

1. Erhitze das Olivenöl in einem Topf. Gib die Zwiebeln hinzu und dünste sie, bis sie glasig sind.
2. Füge die gewürfelten Süßkartoffeln hinzu und brate sie kurz an.
3. Die roten Linsen und die Gewürze (Kurkuma und Paprika) zugeben und alles gut verrühren.
4. Gieße die Gemüsebrühe in den Topf und lass den Eintopf für etwa 20 Minuten auf mittlerer Hitze köcheln, bis die Süßkartoffeln und die Linsen weich sind.
5. Füge die Kokosmilch hinzu und lass alles noch einmal kurz aufkochen.
6. Mit Salz und Pfeffer abschmecken.
7. Zum Schluss mit Frühlingszwiebeln und frischem Koriander garnieren.
8. Aufbewahren: Lass den Eintopf vollständig abkühlen. Fülle ihn dann in einen luftdichten Behälter und bewahre ihn im Kühlschrank auf. Der Eintopf hält sich dort bis zu 3 Tage. Zum Verzehr einfach erneut erwärmen.

Brokkoli-Käse-Gratin

Zubereitungszeit: 25 Minuten
Portionen: 1 Person

Zutaten:

- 150 g Brokkoli, in kleine Röschen geteilt
- 50 g geriebener Gouda oder Cheddar
- 1 EL Butter
- 1 EL Mehl
- 150 ml Milch
- 1/2 TL Paprikapulver
- Salz und Pfeffer nach Geschmack
- 2 EL Semmelbrösel
- 1 TL natives Olivenöl extra

Zubereitung:

1. Du setzt zuerst einen Topf mit Wasser auf und bringst es zum Kochen. Sobald es kocht, gibst du den Brokkoli hinzu und lässt ihn etwa 4-5 Minuten blanchieren, bis er bissfest ist. Danach gießt du das Wasser ab und setzt den Brokkoli beiseite.

2. In einem anderen Topf schmilzt du die Butter über mittlerer Hitze. Sobald sie geschmolzen ist, rührst du das Mehl unter, bis eine glatte Masse entsteht. Nun gießt du langsam und unter ständigem Rühren die Milch hinzu, sodass keine Klumpen entstehen. Lass diese Mischung unter Rühren aufkochen, bis sie etwas eindickt.

3. Jetzt nimmst du den Topf vom Herd und gibst den geriebenen Käse, das Paprikapulver, Salz und Pfeffer hinzu. Rühre weiter, bis der Käse vollständig geschmolzen und die Sauce cremig ist.

4. Heize deinen Ofen auf 200 Grad vor.

5. In einer ofenfesten Form verteilst du die Brokkoli-Röschen und gießt die Käsesauce darüber. Vermische Semmelbrösel und Olivenöl und streue diese Mischung gleichmäßig über den Brokkoli.

6. Das Gratin kommt nun für 10-15 Minuten in den Ofen, bis die Oberfläche goldbraun und knusprig ist.

7. Aufbewahren: Nachdem du das Gratin fertig zubereitet hast, lass es abkühlen. Packe es dann in einen luftdichten Behälter und bewahre es im Kühlschrank auf. Zum Genießen einfach erneut im Ofen oder in der Mikrowelle erwärmen.

Pilzrisotto mit Petersilie

Zubereitungszeit: 30 Minuten
Portionen: 1 Person

Zutaten:

- 60 g Risottoreis, gewaschen
- 150 ml Gemüsebrühe
- 50 g frische Champignons, fein geschnitten
- 1 EL natives Olivenöl extra
- 1 kleine Schalotte, gewürfelt
- 1 EL frische Petersilie, fein gehackt
- 30 ml Weißwein
- 20 g geriebener Parmesan
- 1 EL Butter
- Salz und Pfeffer nach Geschmack

Zubereitung:

1. Erhitze das Olivenöl in einer tiefen Pfanne. Gib die Schalotten hinzu und dünste sie glasig an.

2. Füge die Champignons hinzu und brate sie an, bis sie goldbraun sind.

3. Gib den Risottoreis hinzu und rühre, bis er von dem Olivenöl ummantelt ist.

4. Gieße den Weißwein in die Pfanne und lass ihn reduzieren.

5. Sobald der Wein reduziert ist, füge schrittweise die Gemüsebrühe hinzu. Gib immer nur so viel Flüssigkeit hinzu, dass der Reis bedeckt ist. Rühre regelmäßig, um sicherzustellen, dass der Reis nicht am Boden festklebt.

6. Wenn der Reis fast gekocht ist und die Brühe fast vollständig absorbiert wurde, gib die Butter und den Parmesan hinzu. Rühre gut um, bis alles gut vermischt und cremig ist.

7. Mische zum Schluss die gehackte Petersilie unter und schmecke mit Salz und Pfeffer ab.

8. Aufbewahren: Das Risotto in einem luftdichten Behälter im Kühlschrank aufbewahren. Beim Aufwärmen kann etwas Wasser oder Gemüsebrühe hinzugefügt werden, um das Risotto wieder cremig zu machen. Im Kühlschrank bis zu 3 Tage haltbar.

Veggie-Wraps mit Hummus

Zubereitungszeit: 20 Minuten
Portionen: 1 Person

Zutaten:

- 2 Vollkorn-Wraps
- 60 g Hummus (selbstgemacht oder aus dem Supermarkt)
- 50 g Karotten, fein gerieben
- 40 g Spinat, gewaschen und grob gehackt
- 30 g Paprika, in dünne Streifen geschnitten
- 40 g Gurke, in dünne Scheiben geschnitten
- 20 g Sonnenblumenkerne
- 1 TL natives Olivenöl extra
- Eine Prise Salz und Pfeffer
- 1 TL Bio-Zitronensaft

Zubereitung:

1. Nimm eine Pfanne und erhitzt das Olivenöl bei mittlerer Hitze. Füge die Paprika hinzu und brate sie für etwa 3-4 Minuten an, bis sie weich und leicht gebräunt sind. Mit Salz und Pfeffer abschmecken und aus der Pfanne nehmen.

2. Bestreiche die Vollkorn-Wraps gleichmäßig mit Hummus.

3. Verteile den Spinat, die Karotten, die gebratenen Paprikastreifen und Gurkenscheiben gleichmäßig über die Wraps.

4. Gib die Sonnenblumenkerne darüber und beträufle das Ganze mit etwas Zitronensaft.

5. Rolle die Wraps fest auf und schneide sie in der Mitte durch.

6. Aufbewahren: Die Wraps in Frischhaltefolie einwickeln oder in luftdichten Behältern aufbewahren. So bleiben sie bis zu 2 Tage im Kühlschrank frisch. Sonnenblumenkerne separat in einem kleinen Behälter aufbewahren, um sie vor dem Verzehr über den Wrap zu streuen.

Belugalinsen-Salat mit Rucola

Zubereitungszeit: 20 Minuten
Portionen: 1 Person

Zutaten:

- 60 g Belugalinsen, gewaschen
- Eine Handvoll Rucola, gewaschen und grob gehackt
- 10 Cherrytomaten, halbiert
- 1 Frühlingszwiebel, in feine Ringe geschnitten
- 1 EL natives Olivenöl extra
- 1 TL Balsamico-Essig
- Salz und Pfeffer nach Geschmack
- 1 EL gehackte Petersilie
- 1 EL geröstete Sonnenblumenkerne

Zubereitung:

1. Die Belugalinsen in einem Topf mit der doppelten Menge Wasser geben. Zum Kochen bringen und für etwa 15 Minuten köcheln lassen, bis sie weich, aber noch bissfest sind. Dann abgießen und kurz abkühlen lassen.

2. Während die Linsen kochen, Rucola, Cherrytomaten und Frühlingszwiebeln in einer großen Schale vermengen.

3. Für das Dressing Olivenöl, Balsamico-Essig, Salz und Pfeffer in einer kleinen Schüssel verquirlen. Anschließend über den Salat gießen und gut vermengen.

4. Die gekochten Linsen, die gehackte Petersilie und die Sonnenblumenkerne zum Salat hinzufügen und alles gut vermengen.

5. Abschließend nochmals mit Salz und Pfeffer abschmecken.

6. Aufbewahren: Den fertigen Salat in einem luftdichten Behälter im Kühlschrank lagern. So bleibt er für 2-3 Tage frisch. Vor dem Verzehr gut durchmischen.

Kürbis-Couscous mit Granatapfel

Zubereitungszeit: 30 Minuten
Portionen: 1 Person

Zutaten:

- 100 g Couscous
- 200 ml Gemüsebrühe
- 150 g Hokkaido Kürbis, gewürfelt
- 50 g Granatapfelkerne
- 1 EL natives Olivenöl extra
- 1 TL Kurkuma
- Salz und Pfeffer nach Geschmack
- 2 EL frische Petersilie, fein gehackt
- 1 EL Feta-Käse, zerbröselt
- 1 TL Sesam

Zubereitung:

1. Bringe die Gemüsebrühe in einem Topf zum Kochen. Gib den Couscous hinein, rühre einmal um, nimm den Topf vom Herd und lass den Couscous abgedeckt für ca. 5 Minuten quellen.

2. In der Zwischenzeit erhitzt du das Olivenöl in einer Pfanne. Füge die Kürbiswürfel hinzu und brate sie goldbraun an. Würze mit Kurkuma, Salz und Pfeffer.

3. Lockere den Couscous mit einer Gabel und mische ihn mit den gebratenen Kürbiswürfeln.

4. Füge die Granatapfelkerne, die gehackte Petersilie und den zerbröselten Feta-Käse hinzu. Mische alles gut durch.

5. Gib den Kürbis-Couscous in eine Schüssel und bestreue ihn mit Sesam.

6. Aufbewahren: Verpacke den fertigen Kürbis-Couscous in einem luftdichten Behälter und stelle ihn in den Kühlschrank. Dort bleibt er bis zu 3 Tage frisch.

Low Carb

Avocado-Eiersalat

Zubereitungszeit: 15 Minuten
Portionen: 1 Person

Zutaten:

- 1 reife Avocado, halbiert und entkernt
- 2 hartgekochte Bio-Eier, gewürfelt
- 1 EL frischer Bio-Zitronensaft
- 1 EL Frischkäse
- 1 Frühlingszwiebel, fein gehackt
- 1 TL Dijon-Senf
- Salz und Pfeffer nach Geschmack
- Einige Blätter frischer Basilikum, fein gehackt
- 1 EL natives Olivenöl extra

Zubereitung:

1. Löffle das Fruchtfleisch der Avocado in eine Schüssel und zerdrücke es leicht mit einer Gabel.

2. Füge die gewürfelten Eier hinzu und mische sie vorsichtig unter das Avocado-Püree.

3. In einer kleinen Schüssel vermischt du den Zitronensaft, den Frischkäse und den Dijon-Senf. Rühre alles gut durch, bis es eine homogene Masse ergibt.

4. Gib die Frischkäse-Mischung zu den Avocado und Eiern und mische alles gut durch.

5. Füge nun die gehackte Frühlingszwiebel, den Basilikum und das Olivenöl hinzu. Mische erneut, bis alles gut vermischt ist. Schmecke mit Salz und Pfeffer ab.

6. Aufbewahren: Bewahre den Salat in einem luftdichten Behälter im Kühlschrank auf. Verzehre ihn innerhalb von 1-2 Tagen, damit er frisch bleibt.

Hähnchen-Spinat-Rolle

Zubereitungszeit: 20 Minuten
Portionen: 1 Person

Zutaten:

- 1 Hähnchenbrustfilet (ca. 150 g), flach geklopft
- 100 g frischer Spinat, gewaschen und grob gehackt
- 1 EL Frischkäse
- 1 TL Dijon-Senf
- 1 EL natives Olivenöl extra
- Salz und Pfeffer zum Abschmecken
- 1 EL Parmesan, gerieben

Zubereitung:

1. Erhitze in einer Pfanne 1 EL Olivenöl auf mittlerer Stufe.
2. Gib den Spinat hinzu und brate ihn an, bis er zusammenfällt. Würze mit Salz und Pfeffer.
3. In einer kleinen Schüssel den Frischkäse und Dijon-Senf vermischen.
4. Verteile diese Mischung gleichmäßig auf der flach geklopften Hähnchenbrust.
5. Verteile den angebratenen Spinat gleichmäßig darüber.
6. Rolle das Hähnchenfilet sorgfältig auf und sichere es mit Zahnstochern, falls nötig.
7. Brate die Rolle in derselben Pfanne von allen Seiten an, bis sie gut gebräunt und durchgekocht ist.
8. Bestreue die Rolle zum Schluss mit dem geriebenen Parmesan und lasse sie nochmals kurz in der Pfanne, bis der Käse leicht geschmolzen ist.
9. Die Hähnchen-Spinat-Rolle vom Herd nehmen und vor dem Schneiden ein paar Minuten ruhen lassen.
10. Aufbewahren: Lasse die Rolle vollständig abkühlen. Verpacke sie dann in Frischhaltefolie und lagere sie im Kühlschrank. Sie kann bis zu 3 Tage im Kühlschrank aufbewahrt werden. Zum Essen die Rolle entweder kalt genießen oder in einer Mikrowelle erwärmen.

Fisch-Taco-Salat

Zubereitungszeit: 20 Minuten
Portionen: 1 Person

Zutaten:

- 150 g Weißfischfilet (z.B. Seelachs), ohne Haut
- 1 EL natives Olivenöl extra
- 1 TL Paprikapulver, edelsüß
- 1 TL Kreuzkümmel, gemahlen
- Salz und Pfeffer nach Geschmack
- 50 g gemischter Salat (z.B. Rucola und Feldsalat), gewaschen
- 50 g Cherrytomaten, halbiert
- 1 Frühlingszwiebel, in feine Ringe geschnitten
- 50 g Avocado, gewürfelt
- 50 g rote Paprika, gewürfelt
- 1 EL Bio-Limettensaft
- 2 EL Joghurt
- 1 TL frischer Koriander, fein gehackt
- 1 kleine rote Chili, entkernt und fein geschnitten

Zubereitung:

1. Das Fischfilet trocken tupfen und mit Paprika, Kreuzkümmel, Salz und Pfeffer würzen.

2. Das Olivenöl in einer Pfanne erhitzen und den Fisch von jeder Seite ca. 2-3 Minuten braten, bis er durchgegart und leicht goldbraun ist. Dann aus der Pfanne nehmen und beiseite stellen.

3. In einer großen Schüssel den gemischten Salat, Cherrytomaten, Frühlingszwiebel, Avocado und rote Paprika vermengen.

4. In einer kleinen Schüssel den Joghurt, Limettensaft, Koriander und Chili vermischen, um das Dressing zu kreieren. Dieses dann über den Salat geben und alles gut vermengen.

5. Den gebratenen Fisch in kleine Stücke zupfen und über den Salat legen. Bei Bedarf noch etwas Pfeffer und Salz darüber streuen.

6. Aufbewahren: Den Salat und den Fisch getrennt in luftdichten Behältern im Kühlschrank lagern. Vor dem Essen einfach den Fisch zum Salat hinzufügen und genießen. Maximal 2 Tage im Kühlschrank aufbewahren.

Blumenkohlreis mit Garnelen

Zubereitungszeit: 20 Minuten
Portionen: 1 Person

Zutaten:

- 1 kleiner Blumenkohl, gerieben
- 100 g Garnelen, geschält und entdarmt
- 2 EL natives Olivenöl extra
- 1/2 Zwiebel, fein gewürfelt
- 1 Knoblauchzehe, fein gehackt
- 1 EL Sojasoße
- 1/2 TL Paprikapulver
- 1 TL Petersilie, fein gehackt
- Salz und Pfeffer nach Geschmack
- 1 Frühlingszwiebel, in Ringe geschnitten
- 1 TL Bio-Limettensaft

Zubereitung:

1. Erhitze 1 EL Olivenöl in einer Pfanne über mittlerer Hitze. Füge die Zwiebel und den Knoblauch hinzu und dünste sie, bis sie weich sind.

2. Füge den geriebenen Blumenkohl hinzu und brate ihn 5-7 Minuten an, bis er goldbraun und weich ist. Rühre regelmäßig um.

3. Während der Blumenkohl kocht, erhitze in einer anderen Pfanne 1 EL Olivenöl und brate die Garnelen von beiden Seiten an, bis sie rosa sind. Würze sie mit Paprikapulver, Salz und Pfeffer.

4. Füge die Sojasoße zum Blumenkohl hinzu und mische alles gut durch.

5. Gib die Garnelen zum Blumenkohl in die Pfanne, rühre gut durch und lass alles noch einmal 2 Minuten köcheln.

6. Nimm die Pfanne vom Herd, beträufle das Gericht mit Limettensaft und garniere es mit der gehackten Petersilie und den Frühlingszwiebelringen.

7. Aufbewahren: Lass das Gericht abkühlen und fülle es dann in einen luftdichten Behälter. Im Kühlschrank bleibt es bis zu 3 Tage frisch. Zum Verzehr einfach im Topf oder in der Mikrowelle erwärmen.

Lachs-Avocado-Tartar

Zubereitungszeit: 15 Minuten
Portionen: 1 Person

Zutaten:

- 100 g frischer Lachs, in kleine Würfel geschnitten
- 1 reife Avocado, geschält und gewürfelt
- 1 EL frisch gepresster Bio-Limettensaft
- 1 EL fein gehackte Frühlingszwiebeln
- 1 TL Sesamöl
- 1 TL schwarzer Sesam
- Salz und Pfeffer nach Geschmack
- 1 TL gehackter frischer Koriander

Zubereitung:

1. In einer mittelgroßen Schüssel den gewürfelten Lachs, die Avocado, den Limettensaft, die Frühlingszwiebeln und das Sesamöl vermengen. Alles gut miteinander vermischen.

2. Mit Salz und Pfeffer nach Geschmack würzen.

3. Das Tartar in eine Servierschale geben und mit schwarzem Sesam und frischem Koriander garnieren.

4. Aufbewahren: Das Lachs-Avocado-Tartar in einen luftdichten Behälter geben und im Kühlschrank aufbewahren. Vor dem Verzehr gut durchmischen. Innerhalb von 1-2 Tagen verbrauchen.

Rindersteak mit Brokkolipüree

Zubereitungszeit: 25 Minuten
Portionen: 1 Person

Zutaten:

- 150 g Rindersteak, frisch und küchenfertig
- 200 g Brokkoli, in Röschen geteilt und gewaschen
- 1 kleine Knoblauchzehe, fein gehackt
- 2 EL natives Olivenöl extra
- 50 ml Sahne
- Salz und Pfeffer nach Geschmack
- 1 TL Butter

Zubereitung:

1. Bringe einen Topf mit Wasser zum Kochen, füge eine Prise Salz hinzu und koche den Brokkoli darin, bis er weich ist, etwa 6-8 Minuten.

2. In der Zwischenzeit erhitze 1 EL Olivenöl in einer Pfanne auf mittlerer Hitze. Sobald es heiß ist, füge das Rindersteak hinzu. Brate es von beiden Seiten je 3-4 Minuten für ein medium gebratenes Steak. Die genaue Zeit kann je nach Dicke des Steaks variieren.

3. Füge die Butter und den gehackten Knoblauch zum Steak hinzu und brate es weitere 2 Minuten, während du das Steak gelegentlich mit der Knoblauch-Butter begießt.

4. Nimm das Steak aus der Pfanne und lasse es auf einem Teller 5 Minuten ruhen.

5. Gieße den Brokkoli ab und gebe ihn in einen Mixer. Füge Sahne, 1 EL Olivenöl, Salz und Pfeffer hinzu und püriere alles zu einem glatten Püree.

6. Lege das Steak auf einen Teller und gib das Brokkolipüree dazu. Runde das Ganze mit einer Prise Pfeffer und einem kleinen Schuss Olivenöl ab.

7. Aufbewahren: Das Rindersteak und das Brokkolipüree in separaten luftdichten Behältern im Kühlschrank aufbewahren.

Thunfisch-Zucchinipuffer

Zubereitungszeit: 25 Minuten
Portionen: 1 Person

Zutaten:

- 1 Dose Thunfisch in eigenem Saft (ca. 150 g), abgetropft und zerdrückt
- 1 mittelgroße Zucchini, gewaschen und grob geraspelt
- 1 Bio-Ei, verquirlt
- 2 EL Mandelmehl
- 1 Frühlingszwiebel, fein gehackt
- 1 TL Senf
- 1 TL Dill, gehackt
- Salz und Pfeffer nach Geschmack
- 2 EL natives Olivenöl extra zum Braten

Zubereitung:

1. Drücke mit einem Küchentuch überschüssige Flüssigkeit aus der geraspelten Zucchini.

2. In einer Schüssel den zerdrückten Thunfisch, geraspelte Zucchini, gehackte Frühlingszwiebel, Ei, Mandelmehl, Senf und Dill vermengen. Mit Salz und Pfeffer abschmecken und gut vermengen, bis eine gleichmäßige Masse entsteht.

3. Mit den Händen aus der Masse kleine Puffer formen.

4. Eine Pfanne auf mittlerer Hitze erhitzen und das Olivenöl hinzufügen.

5. Die Thunfisch-Zucchinipuffer in die Pfanne geben und von beiden Seiten goldbraun anbraten. Dies dauert etwa 3-4 Minuten pro Seite.

6. Die Puffer auf einem Küchentuch abtropfen lassen, um überschüssiges Öl zu entfernen.

7. Aufbewahren: Lass die Puffer vollständig auskühlen und verpacke sie dann in einem luftdichten Behälter. Im Kühlschrank können sie bis zu 3 Tage aufbewahrt werden.

Grüner Spargelsalat mit Ei

Zubereitungszeit: 20 Minuten
Portionen: 1 Person

Zutaten:

- 100 g grüner Spargel, gewaschen und in kleine Stücke geschnitten
- 2 Bio-Eier, hartgekocht und in Viertel geschnitten
- 1 EL natives Olivenöl extra
- 1 TL Dijon-Senf
- 1 TL Bio-Zitronensaft, frisch gepresst
- Salz und Pfeffer, nach Geschmack
- 1 Handvoll Rucola, gewaschen und grob gehackt
- 2 EL Feta, zerkrümelt
- 1 EL Sonnenblumenkerne

Zubereitung:

1. In einer Pfanne das Olivenöl erhitzen und den grünen Spargel darin für etwa 5 Minuten anbraten, bis er leicht gebräunt und bissfest ist. Gelegentlich umrühren.

2. In einer kleinen Schüssel den Dijon-Senf mit dem Zitronensaft, Salz und Pfeffer verquirlen, um ein einfaches Dressing zu erhalten.

3. Den Rucola in eine Salatschüssel geben, den gebratenen Spargel, die hartgekochten Eier und den zerkrümelten Feta hinzufügen.

4. Das Dressing darüber geben und alles gut vermengen. Abschließend mit Sonnenblumenkernen bestreuen.

5. Aufbewahren: Den Salat in einem luftdichten Behälter im Kühlschrank aufbewahren und innerhalb von 2 Tagen verzehren. Das Dressing kann separat aufbewahrt und erst kurz vor dem Verzehr hinzugefügt werden, um den Salat frisch zu halten.

Hähnchen-Feta-Zucchini-Boote

Zubereitungszeit: 25 Minuten
Portionen: 1 Person

Zutaten:

- 1 mittelgroße Zucchini, halbiert und entkernt
- 100 g Hähnchenbrust, gewürfelt
- 50 g Feta-Käse, gewürfelt
- 1 kleine Zwiebel, fein gewürfelt
- 1 EL natives Olivenöl extra
- 1 TL Paprikapulver
- 1/2 TL Salz
- 1/4 TL Pfeffer
- 2 EL frische Petersilie, fein gehackt
- 1 EL Tomatenmark
- 50 ml Hühnerbrühe

Zubereitung:

1. Heize deinen Ofen auf 200 Grad vor.

2. In einer Pfanne das Olivenöl erhitzen und die Zwiebel darin glasig dünsten. Die gewürfelte Hähnchenbrust hinzufügen und rundherum anbraten.

3. Tomatenmark, Paprikapulver, Salz und Pfeffer hinzufügen und gut umrühren. Die Hühnerbrühe angießen und alles kurz aufkochen lassen, bis die Flüssigkeit etwas reduziert ist.

4. Den Feta und die Petersilie unterrühren und vom Herd nehmen.

5. Die Zucchinihälften in eine Auflaufform legen und die Hähnchen-Feta-Mischung gleichmäßig darauf verteilen.

6. Die gefüllten Zucchini-Boote im vorgeheizten Ofen ca. 15 Minuten backen, bis die Zucchini weich und die Füllung heiß und leicht gebräunt ist.

7. Aufbewahren: Die fertigen Zucchini-Boote nach dem Abkühlen in luftdichten Behältern aufbewahren und innerhalb von 3 Tagen verbrauchen. Zum Servieren einfach im Ofen oder in der Mikrowelle erwärmen.

Rindfleischstreifen mit Paprika

Zubereitungszeit: 20 Minuten
Portionen: 1 Person

Zutaten:

- 150 g Rindfleisch, in Streifen geschnitten
- 1 rote Paprika, gewürfelt
- 1 grüne Paprika, gewürfelt
- 2 EL natives Olivenöl extra
- 1 EL Sojasauce
- 1 TL Chiliflocken
- 1 TL frischer Ingwer, fein gehackt
- 1 Frühlingszwiebel, in Ringe geschnitten
- Salz und Pfeffer nach Geschmack

Zubereitung:

1. Erhitze 1 EL Olivenöl in einer Pfanne über mittlerer Hitze.

2. Gib die Rindfleischstreifen in die Pfanne und brate sie an, bis sie braun sind, etwa 3-4 Minuten. Würze sie mit Salz und Pfeffer und nimm sie aus der Pfanne.

3. Im gleichen Öl die gewürfelten Paprika für etwa 3 Minuten anbraten.

4. Füge den frischen Ingwer hinzu und brate ihn für 1 Minute mit den Paprika zusammen.

5. Gib die Rindfleischstreifen zurück in die Pfanne und gieße die Sojasauce darüber. Würze mit Chiliflocken und lass alles 2-3 Minuten köcheln, bis das Fleisch gut durchwärmt ist.

6. Zum Schluss mit Frühlingszwiebelringen garnieren und mit dem restlichen Olivenöl beträufeln.

7. Aufbewahren: Packe das fertige Gericht in einen luftdichten Behälter und stelle es in den Kühlschrank. Zum Aufwärmen am nächsten Tag, einfach in einer Mikrowelle erwärmen. Das Gericht bleibt im Kühlschrank bis zu 3 Tage frisch.

Vegan

Rote Linsensuppe mit Kokos

Zubereitungszeit: 30 Minuten
Portionen: 1 Person

Zutaten:

- 100 g rote Linsen, gewaschen und abgetropft
- 250 ml Kokosmilch, ungesüßt
- 1 kleine Zwiebel, gewürfelt
- 1 kleine Karotte, gewürfelt
- 1 TL Ingwer, fein gehackt
- 1 TL Kurkuma
- 1 TL Kreuzkümmel
- 500 ml Gemüsebrühe
- 2 EL Kokosöl
- Salz und Pfeffer nach Geschmack
- Einige Korianderblätter, fein gehackt

Zubereitung:

1. Erhitze das Kokosöl in einem mittelgroßen Topf. Gib die gewürfelte Zwiebel dazu und dünste sie, bis sie glasig wird.

2. Füge den fein gehackten Ingwer und die gewürfelte Karotte hinzu und dünste alles weitere 2-3 Minuten an.

3. Gib nun die roten Linsen, Kurkuma und Kreuzkümmel in den Topf. Rühre alles gut um und lass es weitere 2 Minuten kochen.

4. Jetzt gießt du die Gemüsebrühe hinzu und bringst die Suppe zum Kochen. Lass sie bei mittlerer Hitze etwa 15-20 Minuten köcheln, bis die Linsen weich sind.

5. Schalte den Herd aus und gib die Kokosmilch in den Topf. Rühre alles gut durch. Schmecke die Suppe mit Salz und Pfeffer ab.

6. Garniere sie mit ein paar fein gehackten Korianderblättern.

7. Aufbewahren: Lass die Suppe abkühlen und fülle sie dann in ein luftdicht verschließbares Behältnis. Im Kühlschrank bleibt die Suppe bis zu 3 Tage frisch.

Avocado-Toast mit Kirschtomaten

Zubereitungszeit: 15 Minuten
Portionen: 1 Person

Zutaten:

- 2 Scheiben Vollkornbrot
- 1 reife Avocado, halbiert und entkernt
- 10 Kirschtomaten, halbiert
- 1 TL natives Olivenöl extra
- 1 EL Bio-Zitronensaft
- 1 Prise Chiliflocken
- Salz und Pfeffer nach Geschmack
- Einige frische Basilikumblätter, gehackt

Zubereitung:

1. In einer Pfanne das Olivenöl erhitzen. Die Kirschtomatenhälften darin etwa 3-4 Minuten anbraten, bis sie leicht weich sind. Beiseite stellen.

2. Das Vollkornbrot in einem Toaster oder in einer Pfanne rösten, bis es knusprig ist.

3. Die Avocado in einer Schüssel mit einer Gabel zerdrücken. Zitronensaft, Salz, Pfeffer und Chiliflocken hinzufügen und gut vermengen.

4. Die Avocadomischung gleichmäßig auf die gerösteten Brotscheiben verteilen.

5. Die angebratenen Kirschtomaten über die Avocadomischung geben.

6. Mit gehacktem Basilikum bestreuen.

7. Aufbewahren: Wenn du die Avocadomischung im Voraus zubereiten möchtest, fülle sie in ein luftdichtes Gefäß und bewahre sie im Kühlschrank auf. Die gerösteten Kirschtomaten können ebenfalls in einem separaten Behälter aufbewahrt werden.

Gemüsenudeln mit Cashewsoße

Zubereitungszeit: 20 Minuten
Portionen: 1 Person

Zutaten:

- 100 g Zucchini, gewaschen und in Spiralen geschnitten
- 100 g Karotten, geschält und in Spiralen geschnitten
- 70 g Cashewnüsse, eingeweicht
- 100 ml Wasser
- 1 EL natives Olivenöl extra
- 1 kleine Schalotte, fein gehackt
- 1 TL frischer Ingwer, gerieben
- 1 TL Sojasoße
- 1/2 TL Chiliflocken
- 1 EL Bio-Zitronensaft
- Salz und Pfeffer nach Geschmack

Zubereitung:

1. Setze einen Topf mit Wasser auf den Herd und bringe es zum Kochen. Gib die eingeweichten Cashewnüsse und das Wasser in einen Mixer und püriere beides zu einer cremigen Masse.

2. In einer Pfanne das Olivenöl erhitzen und die gehackte Schalotte darin glasig dünsten. Den geriebenen Ingwer hinzufügen und kurz mitdünsten.

3. Die cremige Cashewmasse zur Pfanne geben. Mit Sojasoße, Chiliflocken, Zitronensaft, Salz und Pfeffer würzen und alles gut vermengen. Bei niedriger Hitze einige Minuten köcheln lassen, bis eine geschmeidige Soße entsteht.

4. In der Zwischenzeit die Zucchini- und Karottenspiralen in dem kochenden Wasser kurz blanchieren – sie sollten noch bissfest sein. Anschließend abgießen und gut abtropfen lassen.

5. Die Gemüsenudeln in die Pfanne mit der Cashewsoße geben und alles gut vermischen, sodass die Nudeln mit der Soße überzogen sind.

6. Abschmecken und bei Bedarf nachwürzen.

7. Aufbewahren: Die Gemüsenudeln getrennt von der Cashewsoße in luftdichten Behältern im Kühlschrank aufbewahren. Vor dem Verzehr kann beides zusammen erwärmt und miteinander vermengt werden.

Quinoa-Salat mit Mango und Koriander

Zubereitungszeit: 20 Minuten
Portionen: 1 Person

Zutaten:

- 50 g Quinoa, gewaschen
- 1 reife Mango, gewürfelt
- 2 EL frischer Koriander, fein gehackt
- 2 EL Frühlingszwiebeln, fein geschnitten
- 1 kleine rote Paprika, gewürfelt
- 1 TL frischer Ingwer, fein gerieben
- 1 EL Bio-Limettensaft
- 1 EL natives Olivenöl extra
- Salz und Pfeffer nach Geschmack
- 1 EL geröstete Sonnenblumenkerne

Zubereitung:

1. In einem mittelgroßen Topf Wasser zum Kochen bringen. Quinoa hinzufügen und nach Packungsanweisung garen. Sobald der Quinoa fertig ist, abgießen und abkühlen lassen.

2. Während der Quinoa abkühlt, die Mango, Paprika und Frühlingszwiebeln vorbereiten und in eine große Schüssel geben.

3. Den gehackten Koriander, geriebenen Ingwer, Limettensaft und Olivenöl in die Schüssel geben und gut vermengen.

4. Den abgekühlten Quinoa hinzufügen und alles gut vermischen. Mit Salz und Pfeffer abschmecken.

5. Zum Schluss die gerösteten Sonnenblumenkerne über den Salat streuen.

6. Aufbewahren: Den fertigen Quinoa-Salat in einen luftdichten Behälter geben und im Kühlschrank aufbewahren. Der Salat hält sich so bis zu 3 Tage. Die Sonnenblumenkerne erst kurz vor dem Verzehr hinzufügen, damit sie knusprig bleiben.

Kichererbsen-Pfanne mit Spinat

Zubereitungszeit: 25 Minuten
Portionen: 1 Person

Zutaten:

- 150 g Kichererbsen, vorge-
  kocht
- 200 g frischer Spinat, gewaschen und grob gehackt
- 1 kleine Zwiebel, gewürfelt
- 2 EL natives Olivenöl extra
- 2 EL Tomatenmark
- 250 ml Gemüsebrühe
- 1 TL Kreuzkümmel, gemahlen
- 1 TL Paprikapulver, edelsüß
- Salz und Pfeffer nach Geschmack
- 1 EL Bio-Zitronensaft

Zubereitung:

1. In einer Pfanne das Olivenöl erhitzen und die gewürfelte Zwiebel darin glasig dünsten.

2. Das Tomatenmark hinzufügen und kurz anrösten.

3. Die Kichererbsen hinzugeben und alles gut vermengen, sodass die Kichererbsen mit dem Tomatenmark und den Zwiebeln gut ummantelt sind.

4. Mit Gemüsebrühe ablöschen und Kreuzkümmel sowie Paprikapulver hinzufügen. Das Ganze auf mittlerer Hitze etwa 10 Minuten köcheln lassen.

5. Den Spinat unterheben und so lange weiterköcheln, bis er zusammengefallen ist und die Flüssigkeit etwas reduziert ist.

6. Mit Salz, Pfeffer und Zitronensaft abschmecken und nochmals kurz aufkochen lassen.

7. Aufbewahren: Das Gericht in einem luftdichten Behälter abkühlen lassen und anschließend im Kühlschrank lagern. So bleibt es bis zu 3 Tage frisch und kann einfach in der Mikrowelle erwärmt werden.

Seidentofu-Stir-Fry mit Pak Choi

Zubereitungszeit: 20 Minuten
Portionen: 1 Person

Zutaten:

- 150 g Seidentofu, in Würfel geschnitten
- 1 mittelgroßer Pak Choi, gewaschen und in Streifen geschnitten
- 1 kleine rote Paprika, in dünne Streifen geschnitten
- 2 Frühlingszwiebeln, in feine Ringe geschnitten
- 1 EL Sojasauce
- 1 EL Sesamöl
- 1 TL frischer Ingwer, fein gehackt
- 1 TL Chiliflocken
- 2 EL Sonnenblumenöl zum Braten
- 1 EL geröstete Sesamsamen
- Salz nach Geschmack

Zubereitung:

1. Erhitze das Sonnenblumenöl in einer Pfanne auf mittlerer Flamme. Füge den Seidentofu hinzu und brate ihn vorsichtig an, bis er von allen Seiten leicht goldbraun ist. Nimm den Tofu aus der Pfanne und stelle ihn beiseite.

2. In der gleichen Pfanne, füge einen weiteren Spritzer Öl hinzu und brate den frischen Ingwer kurz an. Gib die Paprikastreifen hinzu und brate sie für etwa 2 Minuten, bis sie leicht weich werden.

3. Füge nun den Pak Choi und die Frühlingszwiebeln hinzu. Brate alles für weitere 3-4 Minuten, bis der Pak Choi weich, aber immer noch knackig ist.

4. Gib den angebratenen Seidentofu zurück in die Pfanne und vermische ihn gut mit dem Gemüse.

5. Würze das Gericht mit Sojasauce, Chiliflocken und einem Spritzer Sesamöl. Gut vermischen und für weitere 2 Minuten köcheln lassen, bis alles gut durchgewärmt ist.

6. Abschmecken und bei Bedarf mit Salz nachwürzen. Zum Schluss die Sesamsamen darüber streuen.

7. Aufbewahren: Lass das Gericht vollständig abkühlen. Fülle es dann in einen luftdichten Behälter und bewahre es im Kühlschrank auf.

Süßkartoffel-Avocado-Taco

Zubereitungszeit: 30 Minuten
Portionen: 1 Person

Zutaten:

- 1 mittelgroße Süßkartoffel, geschält und in kleine Würfel geschnitten
- 1 Avocado, entkernt und in Scheiben geschnitten
- 3 kleine Tortillafladen (Mais oder Weizen)
- 1 EL natives Olivenöl extra
- 50 g Mais, abgetropft
- 50 g schwarze Bohnen, abgetropft
- 1 kleine rote Zwiebel, fein gehackt
- 1 TL Kreuzkümmel
- Salz und Pfeffer nach Geschmack
- 1 EL frischer Koriander, grob gehackt
- 50 ml Bio-Limettensaft
- 1 kleine Chilischote, entkernt und fein gehackt

Zubereitung:

1. In einer Pfanne das Olivenöl erhitzen und die Süßkartoffelwürfel darin bei mittlerer Hitze etwa 15 Minuten anbraten, bis sie weich und leicht gebräunt sind.

2. Währenddessen die rote Zwiebel, den Mais und die schwarzen Bohnen in einer separaten Schüssel vermischen.

3. Die Süßkartoffelwürfel zu der Schüssel hinzufügen und alles gut vermengen. Dann Kreuzkümmel, Salz und Pfeffer hinzufügen und erneut gut vermischen.

4. Jeden Tortillafladen in einer trockenen Pfanne kurz von beiden Seiten erhitzen.

5. Die Mischung gleichmäßig auf die Tortillafladen verteilen und mit Avocadoscheiben belegen.

6. Das Ganze mit frischem Koriander, Limettensaft und Chilischote abschmecken.

7. Aufbewahren: Die Süßkartoffel-Avocado-Mischung in einem luftdichten Behälter im Kühlschrank aufbewahren. Die Tortillafladen separat in einem verschließbaren Plastikbeutel aufbewahren.

Gebratener Tempeh mit Ingwersoße

Zubereitungszeit: 25 Minuten
Portionen: 1 Person

Zutaten:

- 100 g Tempeh, in Würfel geschnitten
- 1 EL Sojasoße
- 2 EL natives Olivenöl extra
- 1 TL frischer Ingwer, fein gehackt
- 2 EL Bio-Orangensaft, frisch gepresst
- 1 TL Ahornsirup
- 1 TL Bio-Limettensaft
- 1 TL Chiliflocken (oder nach Geschmack)
- Salz nach Geschmack
- 2 EL frischer Koriander, grob gehackt

Zubereitung:

1. In einer kleinen Schüssel die Sojasoße, den gehackten Ingwer, Orangensaft, Ahornsirup, Limettensaft und Chiliflocken vermischen. Die Mischung gut umrühren, bis sich alle Zutaten gut miteinander verbunden haben.

2. In einer Pfanne das Olivenöl erhitzen. Die Tempehwürfel hinzufügen und von allen Seiten goldbraun anbraten.

3. Die zuvor hergestellte Ingwersoße über den Tempeh gießen und alles bei mittlerer Hitze weiter braten, bis der Tempeh die Soße gut aufgenommen hat und sie leicht reduziert ist.

4. Mit Salz abschmecken und vom Herd nehmen.

5. Den gebratenen Tempeh auf einen Teller legen und mit dem frischen Koriander bestreuen.

6. Aufbewahren: Den gebratenen Tempeh mit Ingwersoße in einem luftdichten Behälter im Kühlschrank lagern. Innerhalb von 2-3 Tagen verzehren. Vor dem Servieren kurz in der Mikrowelle erwärmen.

Couscous mit Gemüse und Tahini

Zubereitungszeit: 30 Minuten
Portionen: 1 Person

Zutaten:

- 100 g Couscous
- 150 ml Gemüsebrühe
- 1 EL natives Olivenöl extra
- 1 kleine Zucchini, gewürfelt
- 1 rote Paprika, gewürfelt
- 5 Kirschtomaten, halbiert
- 1 Frühlingszwiebel, in Ringe geschnitten
- 2 EL Tahini (Sesampaste)
- 1 EL Bio-Zitronensaft
- 1 TL Kreuzkümmel, gemahlen
- Salz und Pfeffer nach Geschmack
- Frische Petersilie, gehackt

Zubereitung:

1. Gieße die heiße Gemüsebrühe über den Couscous in einer Schüssel und bedecke sie mit einem Deckel oder einer Frischhaltefolie. Lass den Couscous für ca. 10 Minuten quellen, bis er die ganze Flüssigkeit aufgenommen hat.

2. Währenddessen erhitze das Olivenöl in einer Pfanne und dünste die gewürfelte Zucchini und die rote Paprika an, bis sie weich, aber noch bissfest sind.

3. Füge die Kirschtomaten und Frühlingszwiebeln hinzu und dünste alles noch 2-3 Minuten weiter.

4. Nimm die Pfanne vom Herd und lasse das Gemüse kurz abkühlen.

5. Mische den Couscous mit dem Gemüse und gib dann Tahini, Zitronensaft, Kreuzkümmel, Salz und Pfeffer hinzu. Vermenge alles gut miteinander.

6. Richte den Couscous in einer Schüssel an und garniere ihn mit der frisch gehackten Petersilie.

7. Aufbewahren: Fülle den fertigen Couscous in einen luftdichten Behälter und lagere ihn im Kühlschrank. Er hält sich dort bis zu 3 Tage. Vor dem Verzehr sollte er auf Raumtemperatur gebracht oder leicht erwärmt werden.

Gefüllte Paprika mit Quinoa

Zubereitungszeit: 45 Minuten
Portionen: 1 Person

Zutaten:

- 1 große rote Paprika, gewaschen und entkernt
- 50 g Quinoa, gewaschen und abgetropft
- 150 ml Gemüsebrühe
- 1 Frühlingszwiebel, klein geschnitten
- 1 kleine Möhre, gewürfelt
- 1 TL natives Olivenöl extra
- 1 EL Sojasoße
- 1 TL Kreuzkümmel, gemahlen
- 1 EL frischer Koriander, gehackt
- Salz und Pfeffer nach Geschmack

Zubereitung:

1. Den Backofen auf 180 Grad vorheizen.
2. Das Olivenöl in einer Pfanne erhitzen und die Frühlingszwiebel sowie die Möhrenwürfel darin andünsten, bis sie weich sind.
3. Quinoa und Gemüsebrühe hinzufügen und alles zum Kochen bringen. Sobald es kocht, die Hitze reduzieren und den Quinoa etwa 15 Minuten köcheln lassen, bis er weich ist und die Flüssigkeit aufgenommen hat.
4. Koriander, Sojasoße und Kreuzkümmel unterrühren. Mit Salz und Pfeffer abschmecken.
5. Die Paprika füllen und in eine kleine Auflaufform setzen.
6. Für etwa 25 Minuten im Ofen backen, bis die Paprika weich und die Oberseite leicht gebräunt ist.
7. Aufbewahren: Nach dem Abkühlen die gefüllte Paprika in einen luftdichten Behälter geben und im Kühlschrank lagern. Zum Essen die Paprika in einem Ofen oder in der Mikrowelle erwärmen.

Frühstück

Müsli mit Joghurt und Beeren

Zubereitungszeit: 10 Minuten
Portionen: 1 Person

Zutaten:

- 50 g Haferflocken
- 150 ml Naturjoghurt
- 50 g gemischte Beeren (Himbeeren, Blaubeeren, Erdbeeren), gewaschen und halbiert
- 1 EL Honig
- 1 EL Sonnenblumenkerne, geröstet
- 1 TL Chia-Samen
- 1 EL Kokosflocken
- 2 Stück dunkle Schokolade (min. 70% Kakao), grob gehackt

Zubereitung:

1. In einer Schüssel Haferflocken, Sonnenblumenkerne, Chia-Samen und Kokosflocken vermischen.

2. Den Naturjoghurt über die trockenen Zutaten geben.

3. Die Beeren darüberstreuen und mit dem Honig beträufeln.

4. Zum Schluss die grob gehackte Schokolade darüberstreuen und alles vorsichtig miteinander vermengen.

5. Aufbewahren: Das vorbereitete Müsli in ein luftdichtes Glas oder eine Frischhaltedose geben. Es hält sich im Kühlschrank bis zu 3 Tage frisch. Bevor du es genießt, kurz umrühren und eventuell mit ein paar frischen Beeren aufpeppen.

Overnight-Oats mit Mango

Zubereitungszeit: 10 Minuten
Portionen: 1 Person

Zutaten:

- 50 g Haferflocken
- 200 ml Mandelmilch, ungesüßt
- 1 reife Mango, gewürfelt
- 1 EL Chiasamen
- 1 TL Vanilleextrakt
- 1 TL Honig oder Ahornsirup
- 1 EL Kokosraspeln
- 3-4 Mandeln, grob gehackt

Zubereitung:

1. Nimm ein sauberes Glas oder einen Behälter mit Deckel und gib die Haferflocken und Chiasamen hinein.

2. Füge die Mandelmilch, den Vanilleextrakt und den Honig oder Ahornsirup hinzu. Rühre alles gut um, sodass die Haferflocken und Chiasamen gleichmäßig verteilt sind.

3. Lass etwa die Hälfte der gewürfelten Mango beiseite. Die andere Hälfte gibst du direkt zu der Hafermischung hinzu. Rühre erneut alles gut durch.

4. Verschließe das Glas oder den Behälter und stelle es über Nacht in den Kühlschrank.

5. Am nächsten Morgen hole dein Glas aus dem Kühlschrank. Sollten die Overnight-Oats zu dickflüssig sein, kannst du noch etwas Mandelmilch hinzufügen und alles gut umrühren.

6. Toppe es mit den restlichen Mangowürfeln, den Kokosraspeln und den gehackten Mandeln.

7. Aufbewahren: Die vorbereiteten Overnight-Oats können im Kühlschrank bis zu 3 Tage aufbewahrt werden.

Spinat-Omelett mit Tomaten

Zubereitungszeit: 15 Minuten
Portionen: 1 Person

Zutaten:

- 2 frische Bio-Eier
- 100 g frischer Spinat, gewaschen und grob gehackt
- 2 mittelgroße Tomaten, gewaschen und gewürfelt
- 50 g Feta, zerbröckelt
- 1 kleine rote Zwiebel, fein gewürfelt
- 2 EL natives Olivenöl extra
- Salz und Pfeffer nach Geschmack
- 1 TL frische Petersilie, gehackt

Zubereitung:

1. In einer mittelgroßen Pfanne das Olivenöl erhitzen. Die Zwiebel darin glasig dünsten.
2. Den Spinat hinzugeben und so lange dünsten, bis er zusammengefallen ist.
3. Die Tomatenwürfel in die Pfanne geben und alles kurz durchmischen. Mit Salz und Pfeffer würzen.
4. Die Eier in einer Schüssel verquirlen und über das Gemüse in der Pfanne gießen.
5. Das Omelett bei mittlerer Hitze langsam stocken lassen. Wenn es fast durch ist, den zerbröckelten Feta darüber streuen.
6. Das Omelett vorsichtig wenden, sodass beide Seiten goldbraun sind.
7. Mit gehackter Petersilie bestreuen.
8. Aufbewahren: Das fertige Omelett nach dem Abkühlen in einem luftdichten Behälter aufbewahren und im Kühlschrank lagern. Es hält sich dort für 2 Tage.

Avocado-Brot mit Ei

Zubereitungszeit: 15 Minuten
Portionen: 1 Person

Zutaten:

- 1 Scheibe Vollkornbrot
- 1/2 reife Avocado, in dünne Scheiben geschnitten
- 1 Bio-Ei, aufgeschlagen
- 1 EL natives Olivenöl extra
- 1 TL Bio-Zitronensaft
- Eine Prise Salz
- Eine Prise Pfeffer
- Einige Blätter frischer Basilikum, gewaschen und zerrissen
- 1 TL geröstete Pinienkerne

Zubereitung:

1. Die Scheibe Vollkornbrot in einer Pfanne ohne Öl anbraten, bis sie knusprig ist und beiseite legen.

2. In derselben Pfanne das Olivenöl erhitzen und das aufgeschlagene Ei darin zu einem Spiegelei braten. Mit Salz und Pfeffer würzen.

3. Die Avocadoscheiben mit Zitronensaft beträufeln. Dies verhindert das Braunwerden der Avocado.

4. Die geröstete Brotscheibe mit den Avocadoscheiben belegen.

5. Das Spiegelei vorsichtig darauf setzen.

6. Mit zerrissenem Basilikum und gerösteten Pinienkernen garnieren.

7. Aufbewahren: Brot, Avocado und Spiegelei separat in luftdichten Behältern aufbewahren. Im Kühlschrank bis zu 2 Tage haltbar.

Chia-Samen-Frühstückspudding

Zubereitungszeit: 15 Minuten
Portionen: 1 Person

Zutaten:

- 3 EL Chia-Samen
- 250 ml Mandelmilch, unge-süßt
- 1 TL Vanilleextrakt
- 1 EL Honig oder Ahornsirup
- 1 Handvoll Himbeeren, ge-waschen
- 1 Handvoll Blaubeeren, ge-waschen
- 3 Walnüsse, grob gehackt
- 1 TL Leinsamen, geschrotet

Zubereitung:

1. In einer mittelgroßen Schüssel die Chia-Samen hinzufügen.

2. Mandelmilch, Vanilleextrakt und Honig oder Ahornsirup hinzufügen und gut umrühren, bis alles gut vermischt ist.

3. Lass die Mischung für etwa 10 Minuten ruhen, damit die Chia-Samen aufquellen können. Zwischendurch nochmals umrühren, damit keine Klümpchen entstehen.

4. Während die Chia-Mischung ruht, Himbeeren und Blaubeeren waschen und Walnüsse grob hacken.

5. Nach 10 Minuten Ruhezeit, die Himbeeren, Blaubeeren, Walnüsse und Leinsamen unter den Chia-Pudding heben.

6. Den Pudding in ein luftdicht verschließbares Glas oder eine Frischhaltedose füllen.

7. Aufbewahren: Den Chia-Pudding im Kühlschrank aufbewahren. Der Pudding kann bis zu 3 Tage im Kühlschrank aufbewahrt werden. Vor dem Verzehr gut umrühren.

Vollkornpfannkuchen mit Ahornsirup

Zubereitungszeit: 15 Minuten
Portionen: 1 Person

Zutaten:

- 100 g Vollkornmehl
- 150 ml Milch
- 1 Bio-Ei, verquirlt
- 1 TL Backpulver
- 1 Prise Salz
- 1 EL Sonnenblumenöl
- 50 ml Ahornsirup
- Eine Handvoll frische Beeren (z.B. Erdbeeren oder Heidelbeeren), gewaschen und halbiert
- 1 EL Naturjoghurt

Zubereitung:

1. In einer mittelgroßen Schüssel das Vollkornmehl, Backpulver und Salz vermengen. Das verquirlte Ei und die Milch hinzufügen und alles zu einem glatten Teig verrühren.

2. Eine beschichtete Pfanne auf mittlerer Stufe erhitzen und etwas Sonnenblumenöl hineingeben.

3. Sobald das Öl heiß ist, einen Schöpflöffel des Teiges in die Pfanne geben, um einen Pfannkuchen zu formen. Wiederhole den Vorgang, bis der Teig aufgebraucht ist. Jeden Pfannkuchen von beiden Seiten goldbraun braten.

4. Die fertigen Pfannkuchen auf einem Teller stapeln, mit Ahornsirup beträufeln und mit den frischen Beeren und einem Klecks Naturjoghurt garnieren.

5. Aufbewahren: Die Pfannkuchen ohne Toppings in einen luftdichten Behälter geben und im Kühlschrank aufbewahren. Vor dem Servieren im Ofen oder der Mikrowelle erwärmen und dann erst mit Ahornsirup, Beeren und Joghurt garnieren.

Quark mit Honig und Nüssen

Zubereitungszeit: 10 Minuten
Portionen: 1 Person

Zutaten:

- 200 g Magerquark, gut gekühlt
- 2 EL Honig, flüssig
- 30 g gemischte Nüsse (z.B. Walnüsse, Mandeln und Haselnüsse), grob gehackt
- 1/2 Apfel, gewürfelt
- 1 EL Rosinen
- 1 Prise Zimt
- 2 EL Müsli oder Haferflocken

Zubereitung:

1. Nimm eine Schüssel zur Hand und gib den Magerquark hinein.
2. Gib den Honig über den Quark und rühre alles gut durch, bis eine gleichmäßige Masse entsteht.
3. Verteile die gewürfelten Äpfel und die Rosinen über den Quark.
4. Streue die gehackten Nüsse und das Müsli oder die Haferflocken darüber.
5. Zum Schluss noch eine Prise Zimt darübergeben und alles leicht vermengen.
6. Aufbewahren: Packe den Quark in ein luftdicht verschließbares Gefäß und stelle es in den Kühlschrank. So bleibt er 2-3 Tage frisch.

Rührei mit Kräutern

Zubereitungszeit: 15 Minuten
Portionen: 1 Person

Zutaten:

- 2 Bio-Eier
- 2 EL Milch
- 1 EL fein gehackte Petersilie
- 1 EL fein gehackter Schnittlauch
- 1 EL fein gehackte Dillspitzen
- Salz und Pfeffer nach Geschmack
- 1 EL Butter oder Öl

Zubereitung:

1. In einer Schüssel die Eier mit der Milch verquirlen, bis die Mischung gleichmäßig ist.

2. Petersilie, Schnittlauch und Dill hinzufügen. Mit Salz und Pfeffer abschmecken und alles gut verrühren.

3. In einer Pfanne die Butter oder das Öl auf mittlerer Stufe erhitzen. Sobald sie heiß ist, die Eiermischung hineingießen.

4. Die Eier ständig rühren, bis sie stocken und den gewünschten Gargrad erreichen. Achte darauf, dass sie nicht zu trocken werden.

5. Aufbewahren: Nach der Zubereitung das Rührei in einen luftdichten Behälter geben und im Kühlschrank aufbewahren. Innerhalb von 2 Tagen verzehren. Zum Aufwärmen kurz in der Mikrowelle erhitzen.

Mandelmus-Bananen-Toast

Zubereitungszeit: 10 Minuten
Portionen: 1 Person

Zutaten:

- 1 Scheibe Vollkornbrot
- 2 EL Mandelmus
- 1 reife Banane, in Scheiben geschnitten
- 1 TL Honig
- Eine Prise Zimt
- 1 EL gehackte Walnüsse
- Ein kleines Stück dunkle Schokolade (min. 70% Kakao), grob gehackt
- Einige frische Beeren (Erdbeeren, Blaubeeren), gewaschen

Zubereitung:

1. Nimm die Scheibe Vollkornbrot und röste sie leicht in einem Toaster oder in einer Pfanne, bis sie knusprig ist.

2. Verteile das Mandelmus gleichmäßig auf dem gerösteten Brot.

3. Belege das Brot mit den Bananenscheiben.

4. Streue nun die gehackten Walnüsse und die dunkle Schokolade darüber.

5. Gib eine Prise Zimt und träufle den Honig über den Toast.

6. Garniere mit den frischen Beeren.

7. Aufbewahren: Solltest du die Bananen- und Mandelmus-Basis für später vorbereiten wollen, dann toaste das Brot und trage das Mandelmus auf. Bewahre es in einem luftdichten Behälter im Kühlschrank auf. Die restlichen Zutaten (Bananenscheiben, Walnüsse, Schokolade, Honig) sollten separat in kleinen Behältern aufbewahrt werden.

Haferbrei mit Zimt und Äpfeln

Zubereitungszeit: 15 Minuten
Portionen: 1 Person

Zutaten:

- 50 g grobe Haferflocken
- 250 ml Milch oder Mandelmilch
- 1 kleiner Apfel, gewaschen
  und gewürfelt
- 1 TL Zimt, gemahlen
- 1 EL Honig oder Ahornsirup
- 1 EL Mandeln, gehackt
- 1 Prise Salz
- 1 EL Rosinen, gewaschen

Zubereitung:

1. Die Milch in einem kleinen Topf zum Köcheln bringen. Die Haferflocken und eine Prise Salz hinzufügen. Den Herd auf mittlere Stufe reduzieren.

2. Den gewürfelten Apfel, Zimt und Rosinen unterrühren.

3. Den Haferbrei regelmäßig umrühren, bis er die gewünschte Konsistenz erreicht hat (etwa 10 Minuten).

4. Den Herd ausschalten, den Honig oder Ahornsirup unter den Brei rühren und alles gut vermengen.

5. Den Haferbrei in eine Schüssel geben, mit gehackten Mandeln bestreuen und sofort verzehren oder für später aufbewahren.

6. Aufbewahren: Wenn du den Haferbrei für später aufbewahren möchtest, lass ihn zuerst abkühlen. Danach kannst du ihn in einem luftdichten Behälter im Kühlschrank für bis zu 3 Tage lagern. Vor dem Servieren kurz in der Mikrowelle erwärmen.

Pasta

Spaghetti Aglio e Olio

Zubereitungszeit: 20 Minuten
Portionen: 1 Person

Zutaten:

- 100 g Spaghetti
- 3 EL natives Olivenöl extra
- 2 Knoblauchzehen, fein gehackt
- 1/2 TL Chiliflocken
- Salz und Pfeffer nach Geschmack
- 2 EL frisch gehackte Petersilie
- 30 g geriebener Parmesan
- 1 EL Bio-Zitronensaft

Zubereitung:

1. Setze einen Topf mit ausreichend Wasser auf, gib etwas Salz hinzu und bringe das Wasser zum Kochen. Füge die Spaghetti hinzu und koche sie, bis sie al dente sind. Gieße das Wasser ab und stelle die Spaghetti beiseite.

2. In einer großen Pfanne das Olivenöl erhitzen. Den gehackten Knoblauch und die Chiliflocken hinzugeben und für 2-3 Minuten unter ständigem Rühren anbraten, bis der Knoblauch goldbraun ist. Aber Vorsicht, lass den Knoblauch nicht verbrennen.

3. Füge die abgetropften Spaghetti in die Pfanne hinzu und mische alles gut durch. Mit Salz und Pfeffer abschmecken. Zum Schluss den Zitronensaft und die Petersilie unterrühren.

4. Die Pasta auf einen Teller geben und den geriebenen Parmesan darüber streuen.

5. Aufbewahren: Wenn du das Gericht im Voraus zubereiten möchtest, lasse die Pasta nach dem Kochen abkühlen und bewahre sie getrennt von der Knoblauch-Olivenöl-Mischung auf. Bewahre beides in luftdichten Behältern im Kühlschrank auf. Vor dem Servieren einfach die Spaghetti und das Olivenöl-Knoblauch-Gemisch in einer Mikrowelle erhitzen, alles gut vermengen und mit dem Parmesan bestreuen.

Penne mit Basilikumpesto

Zubereitungszeit: 25 Minuten
Portionen: 1 Person

Zutaten:

- 100 g Penne
- 1 Handvoll frischer Basilikum, gewaschen und grob gehackt
- 30 g Parmesan, gerieben
- 1 EL Pinienkerne, geröstet
- 1 kleine Knoblauchzehe, fein gehackt
- 3 EL natives Olivenöl extra
- Salz und Pfeffer, nach Geschmack
- 1 kleine Cherrytomate, gewaschen und halbiert
- Einige frische Basilikumblätter

Zubereitung:

1. Setze einen Topf mit Wasser auf und füge eine Prise Salz hinzu. Bring das Wasser zum Kochen und gib die Penne hinzu. Koche die Pasta gemäß den Anweisungen auf der Packung, bis sie al dente ist.

2. Während die Pasta kocht, bereite das Basilikumpesto vor. In einem Mörser oder Mixer gibst du den Basilikum, den geriebenen Parmesan, die gerösteten Pinienkerne, den fein gehackten Knoblauch und das Olivenöl hinzu. Zerstoße oder mixe alles zu einer feinen Paste. Mit Salz und Pfeffer abschmecken.

3. Sobald die Pasta fertig ist, abgießen und kurz abtropfen lassen.

4. Vermische die heiße Pasta direkt mit deinem frisch zubereiteten Basilikumpesto, bis jede Penne schön mit Pesto bedeckt ist.

5. Serviere deine Penne mit Basilikumpesto auf einem Teller und garniere sie mit der halbierten Cherrytomate und den frischen Basilikumblättern.

6. Aufbewahren: Wenn du die Penne mit Basilikumpesto für später aufbewahren möchtest, dann gib sie in ein luftdicht verschließbares Behältnis und stelle es in den Kühlschrank. Dort hält es sich bis zu 2 Tage. Vor dem erneuten Verzehr einfach kurz in der Mikrowelle aufwärmen.

Tagliatelle mit Pilzsoße

Zubereitungszeit: 20 Minuten
Portionen: 1 Person

Zutaten:

- 100 g Tagliatelle
- 150 g gemischte frische Pilze (z.B. Champignons, Shiitake), grob gehackt
- 1 Schalotte, fein gewürfelt
- 2 EL natives Olivenöl extra
- 100 ml Sahne
- 1 TL frischer Thymian, gehackt
- Salz und Pfeffer nach Geschmack
- 30 g Parmesan, gerieben
- 1 EL Petersilie, gehackt

Zubereitung:

1. Setze einen Topf mit Wasser auf und bringe es zum Kochen. Salze das Wasser leicht und koche die Tagliatelle darin, bis sie al dente sind. Abgießen und beiseite stellen.

2. In einer Pfanne das Olivenöl erhitzen. Die Schalotte darin anbraten, bis sie glasig ist.

3. Die gehackten Pilze hinzufügen und weiterbraten, bis sie weich sind und eine goldene Farbe angenommen haben.

4. Sahne, Thymian, Salz und Pfeffer hinzufügen. Die Soße leicht köcheln lassen, bis sie etwas eingedickt ist.

5. Die abgetropften Tagliatelle in die Pfanne geben und gut mit der Soße vermischen. Falls die Mischung zu trocken erscheint, ein wenig Wasser hinzufügen.

6. Mit geriebenem Parmesan und gehackter Petersilie servieren.

7. Aufbewahren: Nach dem Abkühlen die Pasta in einem luftdichten Behälter im Kühlschrank aufbewahren. Die Pasta kann dann innerhalb von 2 Tagen verzehrt werden. Zum Servieren einfach in der Mikrowelle erwärmen.

Spaghetti Carbonara light

Zubereitungszeit: 20 Minuten
Portionen: 1 Person

Zutaten:

- 100 g Vollkorn-Spaghetti
- 1 mittelgroße Zucchini, gewürfelt
- 1 TL natives Olivenöl extra
- 1 Bio-Ei
- 20 g Parmesan, gerieben
- 1 kleine Schalotte, fein gehackt
- 1 TL frische Petersilie, gehackt
- Salz und Pfeffer nach Geschmack

Zubereitung:

1. In einem großen Topf reichlich Wasser zum Kochen bringen. Eine Prise Salz hinzufügen und die Vollkorn-Spaghetti gemäß Packungsanleitung al dente kochen. Anschließend abgießen und beiseite stellen.

2. Während die Spaghetti kochen, erhitzt du in einer großen Pfanne das Olivenöl und fügst die gehackte Schalotte hinzu. Dünste sie, bis sie weich und leicht goldfarben ist.

3. Gib die gewürfelte Zucchini zur Pfanne hinzu und brate sie an, bis sie weich und leicht gebräunt ist. Mit Salz und Pfeffer abschmecken.

4. In einer kleinen Schüssel das Ei, den geriebenen Parmesan, die gehackte Petersilie, Salz und Pfeffer verquirlen. Die Mischung gut vermengen.

5. Die abgetropften Spaghetti und die Zucchinimischung in die Pfanne geben und gut durchmischen. Die Hitze reduzieren und die Ei-Mischung vorsichtig unter die Spaghetti heben. Weiter rühren, bis die Sauce cremig wird, aber darauf achten, dass das Ei nicht stockt.

6. Zum Schluss mit etwas geriebenem Parmesan und Petersilie garnieren.

7. Aufbewahren: Das Gericht in einem luftdichten Behälter im Kühlschrank aufbewahren. Innerhalb von 2 Tagen verzehren. Zum Erwärmen kurz in der Mikrowelle erhitzen.

Fusilli mit Rucola und Tomaten

Zubereitungszeit: 25 Minuten
Portionen: 1 Person

Zutaten:

- 100 g Fusilli
- 50 g Rucola, gewaschen und grob gehackt
- 100 g Kirschtomaten, gewaschen und halbiert
- 1 EL natives Olivenöl extra
- 1 kleine Schalotte, fein gewürfelt
- 1 TL Kapern, abgetropft
- 50 ml Sahne
- 30 g geriebener Parmesan
- Salz und Pfeffer nach Geschmack
- 1 Prise Chiliflocken (oder nach Geschmack)

Zubereitung:

1. Wasser in einem Topf zum Kochen bringen, salzen und Fusilli nach Packungsanweisung kochen. Anschließend abgießen und beiseite stellen.
2. In einer Pfanne das Olivenöl erhitzen und die Schalotte darin glasig anbraten.
3. Kirschtomaten und Kapern hinzufügen und für ca. 5 Minuten bei mittlerer Hitze köcheln lassen, bis die Tomaten leicht zerfallen.
4. Sahne hinzufügen und einmal kurz aufkochen lassen. Dann den Parmesan einrühren und mit Salz, Pfeffer und Chiliflocken würzen.
5. Die Fusilli und den Rucola unterheben, alles gut vermengen und kurz erhitzen, bis der Rucola leicht zusammenfällt.
6. Aufbewahren: Wenn du das Gericht für später vorkochen möchtest, dann lass es nach der Zubereitung komplett abkühlen. Anschließend in luftdichten Behältern portionieren und im Kühlschrank aufbewahren. Vor dem Verzehr einfach kurz in der Mikrowelle erwärmen.

Farfalle mit Zitronensoße

Zubereitungszeit: 20 Minuten
Portionen: 1 Person

Zutaten:

- 70 g Farfalle
- 1 Bio-Zitrone, nur der Saft und die abgeriebene Schale
- 1 EL natives Olivenöl extra
- 1 TL frischer Thymian, fein gehackt
- 1 TL Petersilie, frisch und fein gehackt
- 30 g Frischkäse (z.B. Philadelphia)
- Salz und Pfeffer nach Geschmack
- 1 Frühlingszwiebel, in dünne Ringe geschnitten
- 15 g Parmesan, gerieben

Zubereitung:

1. Bring Wasser in einem Topf zum Kochen und füge eine Prise Salz hinzu. Gib die Farfalle hinzu und koche sie nach den Anweisungen auf der Packung, bis sie al dente sind. Gieß sie ab und setze sie zur Seite.

2. In einer kleinen Schüssel den Saft und die abgeriebene Schale der Zitrone mit dem Olivenöl vermischen.

3. Den Frischkäse in eine separate Schüssel geben. Die Zitronen-Olivenöl-Mischung, den Thymian und die Petersilie hinzufügen und alles gut vermischen, bis eine cremige Soße entsteht.

4. Die Soße zu den Farfalle geben und gut vermischen. Salz und Pfeffer nach Geschmack hinzufügen.

5. Die Pasta in einen Teller geben und mit den Frühlingszwiebelringen und dem geriebenen Parmesan bestreuen.

6. Aufbewahren: Gib das fertige Gericht in einen luftdichten Behälter und stelle es in den Kühlschrank. Es kann bis zu 2 Tage gelagert werden. Beim Aufwärmen kannst du einen kleinen Spritzer Zitronensaft dazugeben.

Penne all'arrabbiata

Zubereitungszeit: 20 Minuten
Portionen: 1 Person

Zutaten:

- 100 g Penne
- 2 EL natives Olivenöl extra
- 1 kleine Zwiebel, gewürfelt
- 1 Chilischote, klein geschnitten und ohne Kerne
- 200 ml passierte Tomaten
- 1 TL Oregano
- 1 TL Basilikum, getrocknet
- Salz und Pfeffer nach Geschmack
- 1 EL geriebener Parmesan
- 1 EL frisches Basilikum, gehackt

Zubereitung:

1. Koche die Penne nach Packungsanweisung in einem Topf mit kochendem Salzwasser, bis sie al dente sind. Gieße das Wasser ab und stelle die Penne beiseite.

2. In einer mittelgroßen Pfanne das Olivenöl auf mittlerer Hitze erhitzen. Füge die gewürfelte Zwiebel und die klein geschnittene Chilischote hinzu. Dünste beides etwa 2-3 Minuten lang, bis die Zwiebeln glasig sind.

3. Füge die passierten Tomaten zu der Pfanne hinzu und rühre gut um. Lasse die Tomatensauce für 5-7 Minuten köcheln, bis sie etwas eingedickt ist.

4. Gib den Oregano und das getrocknete Basilikum in die Pfanne. Mische alles gut durch und schmecke mit Salz und Pfeffer ab.

5. Füge nun die gekochten Penne in die Pfanne und vermische alles sorgfältig, damit die Penne gut mit der Sauce überzogen sind.

6. Serviere die Penne in einem tiefen Teller und bestreue sie mit dem geriebenen Parmesan und dem frisch gehackten Basilikum.

7. Aufbewahren: Nach dem Abkühlen kannst du die Penne in einem luftdichten Behälter geben und im Kühlschrank für bis zu 2 Tage aufbewahren. Zum Aufwärmen gibst du die gewünschte Portion in eine Mikrowellenschale und erwärmst sie.

Spaghetti mit Knoblauch und Chili

Zubereitungszeit: 20 Minuten
Portionen: 1 Person

Zutaten:

- 100 g Spaghetti
- 1 EL natives Olivenöl extra
- 2 Knoblauchzehen, fein gehackt
- 1/2 frische Chili, entkernt und fein gehackt
- 100 ml Tomatensauce
- 1 EL frische Petersilie, gehackt
- 1 EL geriebener Parmesan
- Salz und Pfeffer zum Abschmecken

Zubereitung:

1. Wasser in einem Topf zum Kochen bringen, salzen und die Spaghetti darin nach Packungsanweisung al dente kochen.

2. Während die Spaghetti kochen, in einer Pfanne das Olivenöl erhitzen. Den gehackten Knoblauch und Chili hinzufügen und bei mittlerer Hitze anbraten, bis der Knoblauch goldbraun ist.

3. Die Tomatensauce zur Pfanne hinzufügen und die Sauce kurz aufkochen lassen. Mit Salz und Pfeffer abschmecken.

4. Die gekochten Spaghetti abgießen und direkt zur Sauce in die Pfanne geben. Alles gut vermengen, damit die Spaghetti gut mit der Sauce überzogen sind.

5. Zum Schluss mit gehackter Petersilie und geriebenem Parmesan bestreuen. Noch einmal gut durchmischen.

6. Aufbewahren: Die fertigen Spaghetti in einem luftdichten Behälter aufbewahren. Im Kühlschrank kann das Gericht bis zu 2 Tage gelagert werden. Zum Aufwärmen einfach in der Mikrowelle erwärmen.

Rigatoni mit Kürbissoße

Zubereitungszeit: 30 Minuten
Portionen: 1 Person

Zutaten:

- 80 g Rigatoni
- 150 g Kürbis, gewürfelt
- 1 EL natives Olivenöl extra
- 1 kleine Zwiebel, gewürfelt
- 1 Knoblauchzehe, fein gehackt
- 150 ml Gemüsebrühe
- 50 ml Sahne
- Salz und Pfeffer nach Geschmack
- 1 EL gehackte Petersilie
- 30 g geriebener Parmesan
- 1 TL Chiliflocken (optional)

Zubereitung:

1. Koche die Rigatoni nach Packungsanweisung, bis sie al dente sind. Gieße sie ab und stelle sie beiseite.

2. Erhitze das Olivenöl in einer Pfanne und dünste darin die Zwiebeln und den Knoblauch, bis sie glasig sind.

3. Füge die Kürbiswürfel hinzu und brate sie einige Minuten mit an, bis sie leicht gebräunt sind.

4. Gieße die Gemüsebrühe hinzu und lasse den Kürbis köcheln, bis er weich ist. Das kann etwa 10-15 Minuten dauern.

5. Sobald der Kürbis weich ist, püriere die Mischung mit einem Pürierstab oder Mixer zu einer glatten Soße. Füge die Sahne hinzu und mische alles gut durch.

6. Schmecke die Soße mit Salz, Pfeffer und wenn gewünscht, mit Chiliflocken ab.

7. Vermische die fertige Kürbissoße mit den Rigatoni und bestreue das Gericht mit gehackter Petersilie und geriebenem Parmesan.

8. Aufbewahren: Lasse die Rigatoni und die Kürbissoße abkühlen. Bewahre sie separat in luftdichten Behältern im Kühlschrank auf. So bleibt alles frisch und du kannst es innerhalb der nächsten 2 Tage genießen.

Linguine mit Garnelen und Zitrone

Zubereitungszeit: 20 Minuten
Portionen: 1 Person

Zutaten:

- 100 g Linguine
- 150 g Garnelen, frisch oder aufgetaut, geschält und entdarmt
- 1 mittelgroße Bio-Zitrone, Saft und Schale gerieben
- 2 EL natives Olivenöl extra
- 1 kleine rote Chili, entkernt und fein gehackt
- 1 kleine Schalotte, fein gewürfelt
- 2 EL frische Petersilie, gehackt
- Salz und Pfeffer nach Geschmack
- 50 ml Weißwein
- 30 g Parmesan, frisch gerieben

Zubereitung:

1. Setze einen Topf mit Salzwasser auf und bringe es zum Kochen. Koche die Linguine nach Packungsanweisung al dente.

2. Während die Pasta kocht, erhitzt du das Olivenöl in einer großen Pfanne. Füge die Schalotte und den gehackten Chili hinzu und brate beides für etwa 2 Minuten an, bis die Schalotte glasig ist.

3. Füge die Garnelen hinzu und brate sie 2-3 Minuten von jeder Seite, bis sie rosa und durchgegart sind.

4. Lösch das Ganze mit Weißwein ab und lass es für 2 Minuten köcheln, bis sich der Alkohol verflüchtigt hat.

5. Gib den Zitronensaft, die geriebene Zitronenschale und die gehackte Petersilie hinzu. Würze mit Salz und Pfeffer.

6. Mische die abgetropften Linguine unter die Garnelen in der Pfanne und rühre alles gut durch, damit die Aromen gut vermengt werden.

7. Gib die Linguine auf einem Teller und bestreue sie mit frisch geriebenem Parmesan.

8. Aufbewahren: Lass die Linguine vollständig abkühlen. Packe sie in einen luftdichten Behälter und stelle diesen in den Kühlschrank. Dort kannst du das Gericht bis zu 2 Tage aufbewahren. Zum Erwärmen einfach in der Mikrowelle erhitzen.

Proteinreiche Snacks

Eiweißriegel mit Nüssen

Zubereitungszeit: 20 Minuten
Portionen: 1 Person

Zutaten:

- 50 g Mandeln, grob gehackt
- 40 g Haferflocken
- 25 g Whey Protein Pulver (z.B. Vanille)
- 2 EL Honig
- 1 TL Kakaopulver, ungesüßt
- 3 EL Wasser
- Eine Prise Salz

Zubereitung:

1. In einer mittelgroßen Schüssel mischst du die Haferflocken, das Protein Pulver und den Kakao. Die Prise Salz nicht vergessen!

2. Nun fügst du den Honig hinzu und verrührst alles gut miteinander.

3. Gib Wasser hinzu, beginnend mit 2 EL und dann nach Bedarf mehr, bis die Mischung feucht, aber nicht zu nass ist.

4. Füge die gehackten Mandeln hinzu und mische alles gut durch.

5. Breite die Mischung auf einem mit Backpapier ausgelegten Teller oder einer kleinen Form aus, drücke sie fest und forme sie zu einem Quadrat oder Rechteck.

6. Stelle den Teller oder die Form für etwa 15 Minuten in den Kühlschrank, damit die Mischung fest wird.

7. Nach der Kühlzeit schneidest du die Masse in zwei Riegel.

8. Aufbewahren: Die Eiweißriegel in Frischhaltefolie wickeln und im Kühlschrank aufbewahren. Sie halten sich so etwa 5 Tage.

Joghurt mit Mandeln und Honig

Zubereitungszeit: 10 Minuten
Portionen: 1 Person

Zutaten:

- 200 ml Naturjoghurt
- 30 g Mandeln, grob gehackt
- 2 EL Honig, flüssig
- 10 g Chia-Samen
- 50 g Himbeeren, frisch
- 10 g Kokosraspeln

Zubereitung:

1. In einer trockenen Pfanne die gehackten Mandeln kurz anrösten, bis sie leicht goldbraun sind. Vom Herd nehmen und auskühlen lassen.

2. Die Himbeeren waschen und abtropfen lassen.

3. In einer Schüssel den Joghurt mit den Chia-Samen verrühren.

4. Gehackte Mandeln, Himbeeren und Kokosraspeln über den Joghurt streuen.

5. Zum Schluss den flüssigen Honig über die Joghurt-Mischung träufeln.

6. Aufbewahren: Packe deinen Joghurt in ein luftdichtes Behältnis, sodass er im Kühlschrank für bis zu 2 Tage frisch bleibt. Wenn es an der Zeit ist zu snacken, rühre die Mischung einfach kurz durch.

Quark mit Beeren

Zubereitungszeit: 10 Minuten
Portionen: 1 Person

Zutaten:

- 150 g Magerquark
- 50 ml frische Sahne
- 1 EL Honig
- 1 TL Vanillezucker
- 50 g gemischte Beeren (z.B. Himbeeren, Blaubeeren, Erdbeeren, gewaschen und halbiert)
- 1 EL gehackte Mandeln
- Ein paar Minzblätter, fein gehackt

Zubereitung:

1. Nimm eine Schüssel zur Hand und gib den Magerquark hinein.
2. Füge die Sahne, den Honig und den Vanillezucker hinzu und verrühre alles sorgfältig miteinander, bis eine cremige Masse entsteht.
3. Füge nun die gemischten Beeren hinzu und hebe sie vorsichtig unter die Quarkmasse.
4. Zum Schluss streue die gehackten Mandeln und die fein gehackten Minzblätter darüber.
5. Aufbewahren: Gib den Quark in einen luftdichten Behälter und stelle ihn in den Kühlschrank. So bleibt er bis zu 2 Tage frisch.

Hähnchenstreifen mit Dip

Zubereitungszeit: 25 Minuten
Portionen: 1 Person

Zutaten:

- 200 g Hähnchenbrust, in 10 Streifen geschnitten
- 1 EL natives Olivenöl extra
- 1 TL Paprikapulver, edelsüß
- 1 TL Kurkuma
- Salz und Pfeffer nach Geschmack

- **Für den Dip:**
- 100 ml griechischer Joghurt
- 1 EL frischer Dill, fein gehackt
- 1 TL Bio-Zitronensaft
- Salz und Pfeffer nach Geschmack

Zubereitung:

1. Du beginnst damit, die Hähnchenstreifen in eine Schüssel zu geben und sie mit Olivenöl, Paprikapulver, Kurkuma, Salz und Pfeffer zu würzen. Mische alles gut durch, sodass die Hähnchenstreifen rundherum gewürzt sind.

2. Erhitze eine Pfanne auf mittlerer Hitze. Wenn sie heiß genug ist, legst du die Hähnchenstreifen hinein und brätst sie 4-5 Minuten von jeder Seite, bis sie goldbraun und durchgegart sind. Dann legst du sie auf einen Teller zum Abkühlen.

3. Während die Hähnchenstreifen abkühlen, kannst du den Dip vorbereiten. Vermische in einer kleinen Schüssel den griechischen Joghurt, den gehackten Dill und den Zitronensaft. Schmecke mit Salz und Pfeffer ab.

4. Aufbewahren: Die abgekühlten Hähnchenstreifen und den Dip separat in luftdichten Behältern aufbewahren. Im Kühlschrank bleiben sie bis zu 2-3 Tage frisch. Zum Servieren die gewünschte Menge Hähnchenstreifen erwärmen und mit dem Dip servieren.

Edamame mit Meersalz

Zubereitungszeit: 10 Minuten
Portionen: 1 Person

Zutaten:

- 150 g Edamame, tiefgefroren
- 1 EL natives Olivenöl extra
- 1 TL Meersalz, grobkörnig
- 1/2 TL schwarzer Pfeffer, frisch gemahlen
- 1 TL Bio-Zitronensaft
- 1 TL Sesamsamen, geröstet

Zubereitung:

1. Setze einen mittelgroßen Topf mit Wasser auf den Herd und bringe es zum Kochen. Gib die tiefgefrorenen Edamame in das kochende Wasser und koche sie für 5 Minuten oder bis sie weich, aber noch bissfest sind.

2. Während die Edamame kochen, mische in einer großen Schüssel das Olivenöl, den Zitronensaft, das Meersalz und den frisch gemahlenen Pfeffer.

3. Sobald die Edamame fertig gekocht sind, gieße das Wasser ab und gebe die heißen Edamame in die Schüssel mit dem Olivenöl-Zitronen-Mix. Vermenge alles gründlich, damit die Edamame schön gewürzt sind.

4. Streue zum Schluss die gerösteten Sesamsamen darüber und vermische alles erneut.

5. Aufbewahren: Die Edamame in einem luftdichten Behälter aufbewahren und im Kühlschrank lagern. Vor dem Verzehr kurz auf Raumtemperatur bringen oder leicht erwärmen. Innerhalb von 2-3 Tagen verzehren.

Hüttenkäse mit Ananas

Zubereitungszeit: 10 Minuten
Portionen: 1 Person

Zutaten:

- 100 g Hüttenkäse, gekühlt
- 50 g frische Ananas, gewürfelt
- 1 TL Honig
- 1 EL Mandelsplitter, leicht geröstet
- Ein Spritzer frischer Bio-Limettensaft
- Eine Prise Meersalz
- 1 EL frische Minze, fein gehackt

Zubereitung:

1. Du nimmst zuerst den Hüttenkäse und gibst ihn in eine Schüssel.
2. Füge dann die Ananaswürfel hinzu und vermische beides vorsichtig.
3. Gib einen Spritzer Limettensaft darüber, um dem Ganzen eine leicht säuerliche Note zu geben.
4. Träufle den Honig darüber.
5. Streue die Mandelsplitter über den Hüttenkäse und die Ananas.
6. Zum Schluss verteilst du die frisch gehackte Minze darüber und gibst eine Prise Meersalz darüber.
7. Aufbewahren: Stelle sicher, dass du einen gut verschließbaren Behälter verwendest. Im Kühlschrank hält es sich so bis zu 2 Tage.

Räuchertofu-Snack mit Sesam

Zubereitungszeit: 15 Minuten
Portionen: 1 Person

Zutaten:

- 100 g Räuchertofu, in Würfel geschnitten
- 2 EL Sesamöl
- 1 EL Sojasauce
- 1 EL heller Sesam, geröstet
- 1 EL dunkler Sesam, geröstet
- 1 EL Frühlingszwiebeln, fein gehackt
- 1/2 TL Chiliflocken (oder nach Geschmack)
- 1 TL Honig
- 1 TL frischer Ingwer, gerieben

Zubereitung:

1. In einer Pfanne das Sesamöl erhitzen und die Räuchertofuwürfel darin scharf anbraten, bis sie eine goldbraune Farbe haben.

2. In der Zwischenzeit den geriebenen Ingwer, Honig und Sojasauce in einer kleinen Schale mischen.

3. Sobald der Tofu goldbraun ist, die Sojasauce-Mischung hinzufügen und gut vermengen, sodass der Tofu von allen Seiten gut damit bedeckt ist.

4. Den Tofu 2-3 Minuten weiter braten lassen, dabei ständig umrühren, bis die Sojasauce-Mischung etwas eingedickt ist und der Tofu glänzend aussieht.

5. Jetzt den hellen und dunklen Sesam über den Tofu streuen und gut vermischen.

6. Mit den Chiliflocken bestreuen und zum Schluss die gehackten Frühlingszwiebeln darüber streuen.

7. Vom Herd nehmen und abkühlen lassen.

8. Aufbewahren: Den Räuchertofu-Snack in einem luftdichten Behälter im Kühlschrank lagern. Er hält sich 3-4 Tage und kann kalt oder leicht erwärmt genossen werden.

Nussmischung to go

Zubereitungszeit: 15 Minuten
Portionen: 1 Person

Zutaten:

- 50 g Walnüsse, grob gehackt
- 50 g Mandeln, ganz
- 50 g Cashewnüsse, ganz
- 30 g Sonnenblumenkerne
- 10 g Chiasamen

- 1 EL Honig
- 1 TL Salz
- 1 TL Paprikapulver, süß
- 1/2 TL Chiliflocken (oder nach Geschmack)

Zubereitung:

1. Den Ofen auf 180 Grad vorheizen.

2. In einer Schüssel Walnüsse, Mandeln, Cashewnüsse und Sonnenblumenkerne vermengen.

3. In einer kleinen Schale den Honig, Salz, Paprikapulver und Chiliflocken miteinander gut verrühren.

4. Die Honig-Gewürz-Mischung zu den Nüssen geben und alles gut durchmischen, bis die Nüsse gleichmäßig mit der Mischung überzogen sind.

5. Die gewürzte Nussmischung auf einem Backblech verteilen und im vorgeheizten Ofen für etwa 10 Minuten rösten. Zwischendurch einmal wenden, um ein gleichmäßiges Rösten zu gewährleisten.

6. Nachdem die Nüsse geröstet sind, aus dem Ofen nehmen und komplett abkühlen lassen. Anschließend die Chiasamen darüber streuen und alles erneut gut vermengen.

7. Aufbewahren: Die fertige Nussmischung in einem luftdichten Behälter oder in einem wiederverschließbaren Beutel aufbewahren. Sie bleibt so bis zu zwei Wochen frisch und knusprig.

Protein-Smoothie mit Spinat

Zubereitungszeit: 5 Minuten
Portionen: 1 Person

Zutaten:

- 100 g frischer Spinat, gewaschen und grob gehackt
- 1 reife Banane, geschält und in Scheiben geschnitten
- 200 ml Mandelmilch, ungesüßt
- 1 EL Chia-Samen
- 1 EL Mandelmus
- 20 g Proteinpulver deiner Wahl (z.B. Whey)
- Eine Prise Salz
- 1 TL Honig oder Agavendicksaft

Zubereitung:

1. Gib den Spinat, die Bananenscheiben und die Mandelmilch in einen leistungsstarken Mixer.

2. Füge Chia-Samen, Mandelmus, eine Prise Salz und Proteinpulver hinzu.

3. Mixe alles gut durch, bis du eine gleichmäßige, cremige Konsistenz erhältst.

4. Abschmecken und falls nötig, süße den Smoothie mit Honig oder Agavendicksaft nach deinem Geschmack nach.

5. Aufbewahren: Fülle den Smoothie in ein sauberes, verschließbares Glas und bewahre es im Kühlschrank auf. Ich empfehle dir, den Smoothie innerhalb von 24 Stunden zu genießen.

Hüttenkäse mit Kräutern auf Knäckebrot

Zubereitungszeit: 10 Minuten
Portionen: 1 Person

Zutaten:

- 4 Scheiben Knäckebrot
- 150 g Hüttenkäse
- 2 EL frische Petersilie, fein gehackt
- 1 EL frischer Schnittlauch, in feine Röllchen geschnitten
- 1 TL frischer Dill, fein gehackt
- 1 kleine rote Paprika, gewürfelt
- 1 TL natives Olivenöl extra
- Eine Prise Salz
- Eine Prise frisch gemahlener schwarzer Pfeffer
- Ein Spritzer Bio-Zitronensaft

Zubereitung:

1. In einer kleinen Schüssel den Hüttenkäse, Petersilie, Schnittlauch, Dill, Olivenöl, Salz, Pfeffer und Zitronensaft vermengen, bis alles gut durchmischt ist.

2. Die rote Paprika unterheben, sodass sie gut mit der Hüttenkäse-Kräutermischung vermischt ist.

3. Die Mischung gleichmäßig auf die 4 Scheiben Knäckebrot verteilen.

4. Nach Belieben noch etwas frische Petersilie oder Dill darüber streuen.

5. Aufbewahren: Die Hüttenkäse-Kräutermischung in einem luftdichten Behälter im Kühlschrank aufbewahren. Das Knäckebrot separat aufbewahren, damit es knusprig bleibt. Zum Servieren die Mischung auf das Knäckebrot geben. Die Mischung hält sich im Kühlschrank bis zu 3 Tage.

Suppen

Kürbissuppe mit Kokosmilch

Zubereitungszeit: 30 Minuten
Portionen: 1 Person

Zutaten:

- 250 g Hokkaido-Kürbis, gewürfelt
- 1 kleine Zwiebel, fein gehackt
- 1 EL natives Olivenöl extra
- 200 ml Kokosmilch, ungesüßt
- 100 ml Gemüsebrühe
- 1/2 TL Kurkuma
- 1 TL frischer Ingwer, gerieben
- Salz und Pfeffer zum Abschmecken
- 1 EL Kürbiskerne, zum Garnieren
- Ein Spritzer Bio-Limettensaft

Zubereitung:

1. Du beginnst damit, das Olivenöl in einem Topf zu erhitzen. Gib die gehackte Zwiebel hinzu und dünste sie, bis sie glasig ist.

2. Füge die Kürbiswürfel hinzu und brate sie kurz an. Gib den frischen Ingwer und Kurkuma hinzu und rühre alles gut um.

3. Jetzt gießt du die Kokosmilch und die Gemüsebrühe dazu. Lass die Suppe etwa 20 Minuten köcheln, bis der Kürbis weich ist.

4. Nachdem der Kürbis gar ist, püriere die Suppe mit einem Stabmixer, bis sie eine glatte Konsistenz hat.

5. Würze die Suppe mit Salz, Pfeffer und einem Spritzer Limettensaft.

6. Gib die Suppe in einer Schüssel und garniere sie mit Kürbiskernen.

7. Aufbewahren: Lass die Suppe komplett abkühlen. Fülle sie dann in einen luftdichten Behälter und bewahre sie im Kühlschrank auf. Sie hält sich so 3 Tage.

Tomatensuppe mit Basilikum

Zubereitungszeit: 25 Minuten
Portionen: 1 Person

Zutaten:

- 4 mittelgroße Tomaten, gewaschen und gewürfelt
- 250 ml Gemüsebrühe
- 1 EL natives Olivenöl extra
- 1 kleine Zwiebel, gewürfelt
- 2 TL frischer Basilikum, fein gehackt
- 1 TL Zucker
- Salz und Pfeffer nach Geschmack
- 50 ml Sahne
- 1 EL geriebener Parmesan

Zubereitung:

1. Erhitze das Olivenöl in einem Topf und dünste die Zwiebeln darin an, bis sie glasig sind.
2. Füge die gewürfelten Tomaten hinzu und lasse sie 5 Minuten köcheln.
3. Gib den Zucker sowie Salz und Pfeffer dazu und rühre gut um.
4. Gieße die Gemüsebrühe hinzu und lass die Suppe für weitere 10 Minuten auf kleiner Flamme köcheln.
5. Nimm den Topf vom Herd und püriere die Suppe mit einem Stabmixer, bis sie eine glatte Konsistenz hat.
6. Setze den Topf wieder auf den Herd und füge die Sahne hinzu. Erhitze die Suppe erneut und lass sie 2 Minuten leicht köcheln.
7. Füge den fein gehackten Basilikum und den geriebenen Parmesan hinzu und rühre gut um.
8. Schmecke die Suppe abschließend mit Salz und Pfeffer ab.
9. Aufbewahren: Die Suppe in einen luftdichten Behälter geben und im Kühlschrank aufbewahren. Vor dem erneuten Verzehr gut durchrühren in der Mikrowelle erhitzen.

Kartoffel-Lauch-Suppe

Zubereitungszeit: 25 Minuten
Portionen: 1 Person

Zutaten:

- 2 mittelgroße Kartoffeln, gewürfelt
- 1 kleine Lauchstange, gewaschen und in Ringe geschnitten
- 1 kleine Zwiebel, gewürfelt
- 1 TL natives Olivenöl extra
- 500 ml Gemüsebrühe
- 1 EL Sahne
- 1/2 TL Pfeffer
- 1/2 TL Salz
- 1 Prise Muskat
- 1 EL Petersilie, fein gehackt
- 1 EL Crème fraîche

Zubereitung:

1. In einem mittelgroßen Topf das Olivenöl erhitzen. Zwiebeln hinzufügen und glasig dünsten.

2. Kartoffeln und Lauchringe hinzufügen und einige Minuten mit den Zwiebeln andünsten, bis sie leicht gebräunt sind.

3. Die Gemüsebrühe hinzugießen, Salz, Pfeffer und Muskat unterrühren und zum Kochen bringen.

4. Die Suppe auf mittlerer Hitze ca. 15 Minuten köcheln lassen, bis die Kartoffeln weich sind.

5. Die Sahne einrühren und mit einem Stabmixer die Suppe leicht pürieren, sodass sie eine cremige Konsistenz erhält, aber noch Stücke sichtbar sind.

6. Die Suppe in eine Schüssel geben, mit einem Löffel Crème fraîche und etwas Petersilie garnieren.

7. Aufbewahren: Die Suppe in einen luftdichten Behälter geben und im Kühlschrank für bis zu 3 Tage aufbewahren.

Hähnchen-Nudelsuppe

Zubereitungszeit: 30 Minuten
Portionen: 1 Person

Zutaten:

- 150 g Hähnchenbrust, gewürfelt
- 70 g Nudeln, z.B. Penne oder Spaghetti
- 600 ml Hühnerbrühe
- 1 mittelgroße Karotte, gewürfelt
- 1 Stange Sellerie, gewürfelt
- 1 Frühlingszwiebel, in feine Ringe geschnitten
- 1 TL natives Olivenöl extra
- 1 TL Kurkuma, gemahlen
- 1 TL Paprikapulver, edelsüß
- Salz und Pfeffer nach Geschmack

Zubereitung:

1. Erhitze das Olivenöl in einem Topf und brate die gewürfelte Hähnchenbrust von allen Seiten an, bis sie goldbraun ist.

2. Gib die gewürfelte Karotte und den gewürfelten Sellerie dazu und lasse alles kurz anbraten.

3. Streue den Kurkuma und das Paprikapulver darüber und verrühre alles gut, damit sich die Gewürze verteilen.

4. Gib die Hühnerbrühe dazu und bringe die Suppe zum Kochen. Lasse sie etwa 10 Minuten köcheln.

5. Füge die Nudeln hinzu und lass die Suppe weiterköcheln, bis die Nudeln gar sind, je nach Sorte etwa 8-12 Minuten.

6. Schmecke die Suppe mit Salz und Pfeffer ab und gib die Frühlingszwiebelringe hinzu.

7. Aufbewahren: Nachdem die Suppe abgekühlt ist, fülle sie in einen luftdichten Behälter und lagere sie im Kühlschrank. Sie hält sich dort für bis zu 3 Tage.

Minestrone a la Mama

Zubereitungszeit: 30 Minuten
Portionen: 1 Person

Zutaten:

- 50 g kleine Nudeln
- 100 g frische Tomaten, gewürfelt
- 50 g Zucchini, in kleine Würfel geschnitten
- 30 g Karotten, fein gewürfelt
- 20 g Sellerie, fein gewürfelt
- 40 g Kartoffeln, in kleine Würfel geschnitten
- 1 Frühlingszwiebel, in dünne Ringe geschnitten
- 500 ml Gemüsebrühe
- 1 EL natives Olivenöl extra
- 1 TL Oregano, getrocknet
- 1 TL Basilikum, getrocknet
- Salz und Pfeffer nach Geschmack

Zubereitung:

1. In einem Topf das Olivenöl erhitzen. Frühlingszwiebeln, Karotten, Zucchini, Kartoffeln und Sellerie hinzufügen und etwa 5 Minuten anbraten, bis das Gemüse etwas weich wird.

2. Tomatenwürfel hinzugeben und weitere 2 Minuten braten.

3. Gemüsebrühe, Oregano, Basilikum, Salz und Pfeffer hinzufügen. Zum Kochen bringen und 15 Minuten auf mittlerer Hitze köcheln lassen.

4. Nun die Nudeln hinzufügen und so lange köcheln, bis sie al dente sind (je nach Packungsanweisung).

5. Abschmecken und eventuell mit weiterem Salz und Pfeffer würzen.

6. Aufbewahren: Die Minestrone in einen luftdichten Behälter geben und im Kühlschrank aufbewahren. Beim erneuten Aufwärmen kann bei Bedarf etwas Wasser oder Gemüsebrühe hinzugefügt werden, um die gewünschte Konsistenz zu erreichen.

Chili con Carne

Zubereitungszeit: 30 Minuten
Portionen: 1 Person

Zutaten:

- 150 g Rinderhackfleisch
- 1 kleine Zwiebel, gewürfelt
- 1 kleine Paprika, gewürfelt
- 1 kleine Tomate, gewürfelt
- 1 EL natives Olivenöl extra
- 1 TL Chili-Pulver
- 1 TL Kreuzkümmel, gemahlen
- 1 TL Paprika-Pulver
- 500 ml Gemüsebrühe
- 1 EL Tomatenmark
- 50 g Kidneybohnen, abgespült und abgetropft
- Salz und Pfeffer nach Geschmack

Zubereitung:

1. In einem mittelgroßen Topf das Olivenöl erhitzen. Das Hackfleisch darin anbraten, bis es braun und krümelig ist.

2. Die Zwiebeln hinzufügen und glasig dünsten.

3. Die Paprika und die Tomate zum Topf geben und ein paar Minuten mitbraten.

4. Chili-Pulver, Kreuzkümmel und Paprika-Pulver einrühren und alles gut vermengen.

5. Das Tomatenmark hinzufügen und kurz mitanbraten.

6. Die Gemüsebrühe angießen und das Chili zum Kochen bringen.

7. Die Kidneybohnen hinzufügen, die Hitze reduzieren und alles 20 Minuten köcheln lassen.

8. Mit Salz und Pfeffer abschmecken. Das Chili sollte eine suppenartige Konsistenz haben.

9. Aufbewahren: Lasse das Chili komplett abkühlen und fülle es dann in einen luftdichten Behälter. Im Kühlschrank bleibt es bis zu 4 Tage frisch. Zum Verzehr einfach erhitzen.

Erbsensuppe mit Würstchen

Zubereitungszeit: 25 Minuten
Portionen: 1 Person

Zutaten:

- 200 g frische Erbsen, geschält und gewaschen
- 2 Mini-Würstchen, in Scheiben geschnitten
- 1 kleine Zwiebel, gewürfelt
- 1 kleine Möhre, gewürfelt
- 1 kleine Kartoffel, gewürfelt
- 750 ml Hühnerbrühe oder Gemüsebrühe
- 1 EL natives Olivenöl extra
- 1 TL Kreuzkümmel, gemahlen
- 1 TL Paprikapulver, edelsüß
- Salz und Pfeffer, nach Geschmack
- 1 EL Petersilie, gehackt
- 1 EL Sauerrahm oder Joghurt

Zubereitung:

1. Erhitze das Olivenöl in einem mittelgroßen Topf und füge die gewürfelte Zwiebel hinzu. Dünste sie, bis sie glasig wird.

2. Füge Möhre und Kartoffel hinzu und brate sie für etwa 3 Minuten an.

3. Streue Kreuzkümmel und Paprikapulver darüber und rühre gut um.

4. Gieße die Brühe dazu und bringe die Suppe zum Kochen. Reduziere die Hitze und lass sie etwa 10 Minuten köcheln.

5. Füge nun die Erbsen und Würstchenscheiben hinzu. Lass alles weitere 10 Minuten kochen, bis die Erbsen weich sind.

6. Schmecke mit Salz und Pfeffer ab. Lasse die Suppe noch ein paar Minuten kochen.

7. Gib die Erbsensuppe in eine Schale und garniere sie mit gehackter Petersilie und einem Klecks Sauerrahm oder Joghurt.

8. Aufbewahren: Die Suppe in einen luftdichten Behälter füllen und im Kühlschrank für bis zu 3 Tage aufbewahren. Vor dem Verzehr erwärmen.

Gulaschsuppe

Zubereitungszeit: 25 Minuten
Portionen: 1 Person

Zutaten:

- 150 g Rindfleisch, in kleine Würfel geschnitten
- 1 kleine Zwiebel, gewürfelt
- 1 kleine Kartoffel, gewürfelt
- 1 kleine rote Paprika, gewürfelt
- 2 EL natives Olivenöl extra
- 500 ml Rinderbrühe
- 1 EL Tomatenmark
- 1/2 TL Paprikapulver, edelsüß
- 1/4 TL Pfeffer
- 1/4 TL Salz
- Eine Prise Chiliflocken
- 1 EL Petersilie, gehackt

Zubereitung:

1. In einem Topf das Olivenöl erhitzen und die Zwiebel darin glasig dünsten.

2. Das Rindfleisch hinzugeben und anbraten, bis es von allen Seiten gut angebraten ist.

3. Nun die gewürfelte Kartoffel und Paprika zum Topf geben und kurz mitbraten.

4. Das Tomatenmark hinzufügen und alles gut vermengen. Das Ganze mit Paprikapulver, Pfeffer, Salz und Chiliflocken würzen.

5. Mit der Rinderbrühe ablöschen und zum Kochen bringen. Anschließend bei mittlerer Hitze für ca. 15 Minuten köcheln lassen.

6. Zum Schluss die gehackte Petersilie unterrühren.

7. Aufbewahren: Nach dem Kochen die Gulaschsuppe abkühlen lassen. Dann in einen luftdichten Behälter füllen und im Kühlschrank aufbewahren. Innerhalb von 3-4 Tagen verbrauchen.

Rote-Bete-Suppe

Zubereitungszeit: 25 Minuten
Portionen: 1 Person

Zutaten:

- 150 g Rote Bete, gewaschen und gewürfelt
- 1 kleine Zwiebel, fein gewürfelt
- 1 kleine Kartoffel, geschält und gewürfelt
- 2 EL natives Olivenöl extra
- 500 ml Gemüsebrühe
- 2 EL frischer Dill, gehackt
- 1 EL Joghurt
- Salz und Pfeffer zum Abschmecken

Zubereitung:

1. Erhitze das Olivenöl in einem Topf und dünste die Zwiebel darin glasig an. Gib dann die gewürfelte Kartoffel und Rote Bete hinzu und lass sie für etwa 5 Minuten mitdünsten.

2. Gieße die Gemüsebrühe in den Topf und lass die Suppe bei mittlerer Hitze 15-20 Minuten köcheln, bis die Rote Bete und die Kartoffel weich sind.

3. Verwende einen Stabmixer, um die Suppe zu einer gleichmäßigen Konsistenz zu pürieren. Schmecke sie mit Salz und Pfeffer ab.

4. Danach mischst du den Joghurt unter die Suppe und bestreust sie mit dem frischen Dill.

5. Aufbewahren: Fülle die Suppe nach dem Abkühlen in einen luftdichten Behälter und stelle sie in den Kühlschrank. Dort bleibt sie bis zu 3 Tage haltbar. Vor dem Verzehr erwärmen und ggf. nochmals abschmecken.

Fischsuppe mit Safran

Zubereitungszeit: 30 Minuten
Portionen: 1 Person

Zutaten:

- 150 g Weißfischfilet (z.B. Seelachs oder Kabeljau), gewürfelt
- 1 EL natives Olivenöl extra
- 1 kleine Zwiebel, gewürfelt
- 1 kleine Möhre, gewürfelt
- 1 Stange Lauch, gewürfelt
- 1 Tomate, gewürfelt
- 1 TL Safranfäden
- 500 ml Fischbrühe
- 1 EL Tomatenmark
- 1 TL getrockneter Thymian
- Salz und Pfeffer nach Geschmack
- Einige frische Petersilienblätter, fein gehackt

Zubereitung:

1. In einem mittelgroßen Topf das Olivenöl erhitzen. Die gewürfelte Zwiebel, Möhre und den Lauch darin anbraten, bis sie weich sind.

2. Das gewürfelte Fischfilet hinzufügen und kurz mit anbraten, bis es von allen Seiten angebraten ist.

3. Die gewürfelte Tomate, Tomatenmark, Safranfäden und den getrockneten Thymian hinzugeben und gut umrühren.

4. Mit der Fischbrühe ablöschen und zum Kochen bringen. Die Hitze reduzieren und 20 Minuten köcheln lassen.

5. Mit Salz und Pfeffer abschmecken und zum Schluss die gehackte Petersilie unterrühren.

6. Aufbewahren: Die fertige Suppe in einen luftdichten Behälter geben und nach dem Abkühlen im Kühlschrank aufbewahren. Die Suppe ist im Kühlschrank bis zu 3 Tage haltbar. Zum Verzehr die Suppe einfach erhitzen.

Pilzcremesuppe

Zubereitungszeit: 25 Minuten
Portionen: 1 Person

Zutaten:

- 150 g frische Champignons, fein geschnitten
- 1 kleine Zwiebel, gewürfelt
- 1 EL Butter
- 500 ml Gemüsebrühe
- 50 ml Sahne
- 1 TL Thymian, frisch gehackt
- Salz und Pfeffer nach Geschmack
- 1 TL Petersilie, frisch gehackt

Zubereitung:

1. Erhitze die Butter in einem Topf und füge die gewürfelte Zwiebel hinzu. Dünste die Zwiebeln, bis sie glasig sind.

2. Gib die geschnittenen Champignons dazu und brate sie für etwa 5 Minuten an, bis sie weich sind und eine goldbraune Farbe annehmen.

3. Streue den Thymian über die Pilz-Zwiebel-Mischung und lasse ihn kurz mitbraten.

4. Füge nun die Gemüsebrühe hinzu und bringe die Suppe zum Kochen. Lasse sie für etwa 10 Minuten bei mittlerer Hitze köcheln.

5. Nachdem die Suppe geköchelt hat, gib die Sahne hinzu und verrühre sie gut. Lasse die Suppe für weitere 5 Minuten köcheln.

6. Mit Salz und Pfeffer abschmecken und zum Schluss die gehackte Petersilie unterrühren.

7. Aufbewahren: Die fertige Suppe in einen luftdichten Behälter füllen und im Kühlschrank aufbewahren. Vor dem Servieren wieder erwärmen.

Salate

Sommersalat mit Erdbeeren und Feta

Zubereitungszeit: 15 Minuten
Portionen: 1 Person

Zutaten:

- 100 g frische Erdbeeren, gewaschen und geviertelt
- 50 g Feta, gewürfelt
- 40 g Rucola, gewaschen und getrocknet
- 10 g frische Minzblätter, gewaschen
- 1 EL Sonnenblumenkerne
- 1 EL natives Olivenöl extra
- 1 TL Balsamico-Essig
- Salz und Pfeffer nach Geschmack

Zubereitung:

1. In einer großen Schüssel den Rucola und die Minzblätter vermengen.

2. Die geviertelten Erdbeeren und den gewürfelten Feta darüberstreuen.

3. In einer kleinen Schüssel Olivenöl, Balsamico-Essig, Salz und Pfeffer verquirlen, bis alles gut vermischt ist. Dieses Dressing dann über den Salat gießen.

4. Zum Schluss die Sonnenblumenkerne darüberstreuen und alles sanft vermengen, bis der Salat gleichmäßig mit dem Dressing überzogen ist.

5. Aufbewahren: Verpacke den Salat und das Dressing getrennt in luftdichte Behälter und stelle sie in den Kühlschrank.

Herbstsalat mit Kürbis und Walnüssen

Zubereitungszeit: 25 Minuten
Portionen: 1 Person

Zutaten:

- 150 g Hokkaido-Kürbis, gewaschen und in kleine Würfel geschnitten
- 1 EL natives Olivenöl extra
- 1 TL Ahornsirup
- Eine Prise Salz und Pfeffer
- 50 g gemischter Salat (z.B. Rucola und Feldsalat)
- 20 g Walnüsse, grob gehackt
- 30 g Feta-Käse, zerbröselt
- 1 Frühlingszwiebel, in feine Ringe geschnitten
- 1 EL Balsamico- Essig
- 1 TL Senf

Zubereitung:

1. Den Ofen auf 200 Grad vorheizen. Die Kürbiswürfel mit Olivenöl, Ahornsirup, Salz und Pfeffer vermengen. Auf einem mit Backpapier belegten Backblech verteilen und im vorgeheizten Ofen etwa 20 Minuten rösten, bis sie weich und leicht karamellisiert sind.

2. In der Zwischenzeit die Walnüsse in einer kleinen Pfanne ohne Öl anrösten, bis sie duften. Achtung, sie können schnell verbrennen! Aus der Pfanne nehmen und abkühlen lassen.

3. In einer Schüssel den Salat, Frühlingszwiebelringe, den zerbröselten Feta und die gerösteten Walnüsse vermischen.

4. Für das Dressing Balsamico- Essig und Senf miteinander verquirlen und mit Salz und Pfeffer abschmecken. Das Dressing über den Salat geben und gut vermischen.

5. Den gerösteten Kürbis vorsichtig unter den Salat heben.

6. Aufbewahren: Der Salat kann für bis zu 2 Tage im Kühlschrank aufbewahrt werden. Das Dressing und der Kürbis sollten jedoch getrennt aufbewahrt und erst vor dem Verzehr zum Salat hinzugefügt werden.

Wintersalat mit Rote Bete und Orange

Zubereitungszeit: 20 Minuten
Portionen: 1 Person

Zutaten:

- 1 mittelgroße Rote Bete, gewaschen und gewürfelt
- 1 Bio-Orange, geschält und in Stücke geschnitten
- 30 g Feldsalat, gewaschen und trocken getupft
- 2 EL natives Olivenöl extra
- 1 TL Balsamico-Essig
- Salz und Pfeffer nach Geschmack
- 15 g Feta-Käse, zerbröselt
- 10 g Sonnenblumenkerne, geröstet
- 1 kleine rote Zwiebel, dünn geschnitten
- 1 EL frischer Dill, fein gehackt

Zubereitung:

1. Beginne mit der Vorbereitung der Roten Bete. Hierfür bringe einen kleinen Topf mit Wasser zum Kochen, gib die gewürfelte Rote Bete hinein und koche sie für etwa 15 Minuten, bis sie weich ist. Gieße das Wasser ab und lass die Rote Bete kurz abkühlen.

2. Während die Rote Bete kocht, mische in einer kleinen Schüssel das Olivenöl, den Balsamico-Essig und Salz und Pfeffer nach Geschmack. Dies wird dein Dressing für den Salat.

3. In einer großen Salatschüssel vermengst du vorsichtig den Feldsalat, die Orangenstücke, die Rote Bete, die Zwiebeln und den Dill.

4. Gieße das Dressing über den Salat und vermische alles gut miteinander.

5. Zum Schluss streue den zerbröselten Feta-Käse und die gerösteten Sonnenblumenkerne darüber.

6. Aufbewahren: Packe den Salat ohne Dressing und ohne Feta und Sonnenblumenkerne in einen luftdichten Behälter. Bewahre das Dressing in einem separaten kleinen Behälter auf.

Frühlingssalat mit Spargel und Ei

Zubereitungszeit: 25 Minuten
Portionen: 1 Person

Zutaten:

- 5 Stangen grüner Spargel, gewaschen und die Enden abgeschnitten
- 1 Bio-Ei
- 50 g gemischte Salatblätter (z. B. Rucola, Lollo Rosso), gewaschen und trocken geschleudert
- 5 Kirschtomaten, halbiert
- 1 EL natives Olivenöl extra
- 1 TL Dijon-Senf
- 2 EL Balsamico-Essig
- Salz und Pfeffer nach Geschmack
- 1 EL Sonnenblumenkerne, geröstet
- 1 Frühlingszwiebel, in feine Ringe geschnitten

Zubereitung:

1. Einen Topf mit Wasser zum Kochen bringen. Das Ei hineingeben und 9 Minuten kochen, damit es fest, aber nicht zu trocken wird. Anschließend unter kaltem Wasser abschrecken und beiseitelegen.

2. Den Spargel in einer Pfanne mit ein wenig Olivenöl bei mittlerer Hitze 5-7 Minuten anbraten, bis er leicht gebräunt und bissfest ist.

3. Während der Spargel brät, in einer kleinen Schüssel Olivenöl, Dijon-Senf, Balsamico-Essig vermischen und mit Salz und Pfeffer abschmecken. Dies wird dein Dressing.

4. In einer großen Schüssel die Salatblätter mit den Tomaten, der Frühlingszwiebel und dem Dressing vermengen. Den Salat auf einen Teller geben.

5. Den gebratenen Spargel über den Salat verteilen. Das Ei schälen, halbieren und mit der Schnittfläche nach oben auf den Salat legen.

6. Zum Schluss mit den gerösteten Sonnenblumenkernen bestreuen.

7. Aufbewahren: Verpacke den Salat und das Dressing separat in luftdichte Behälter. So bleibt der Salat frisch und wird nicht matschig.

Griechischer Bauernsalat

Zubereitungszeit: 15 Minuten
Portionen: 1 Person

Zutaten:

- 100 g Cocktailtomaten, halbiert
- 50 g Gurke, gewürfelt
- 30 g Feta-Käse, gewürfelt
- 10 g rote Zwiebel, fein geschnitten
- 5 g frische Petersilie, grob gehackt
- 1 EL natives Olivenöl extra
- 10 ml Bio-Zitronensaft
- 2 EL schwarze Oliven, entsteint und halbiert
- 1 TL Oregano, getrocknet
- Salz und Pfeffer zum Abschmecken

Zubereitung:

1. In einer großen Schüssel Tomaten, Gurke, Feta, rote Zwiebel und Petersilie mischen.

2. In einer kleinen Schüssel Olivenöl, Zitronensaft, Oregano, Salz und Pfeffer vermengen, um ein Dressing herzustellen.

3. Das Dressing über den Salat geben und alles gut durchmischen, damit die Zutaten gleichmäßig bedeckt sind.

4. Zum Schluss die schwarzen Oliven unterheben und noch einmal abschmecken.

5. Aufbewahren: Ich empfehle dir, das Dressing und den Salat separat in luftdichten Behältern aufzubewahren. So bleibt der Salat knackig und das Dressing zieht nicht ein. Im Kühlschrank kann der Salat bis zu 2 Tage aufbewahrt werden.

Caesar Salad mit Hähnchenbrust

Zubereitungszeit: 25 Minuten
Portionen: 1 Person

Zutaten:

- 1 Hähnchenbrust, geputzt und ohne Knochen
- 80 g Römersalat, gewaschen und grob geschnitten
- 1 EL natives Olivenöl extra
- 1 EL Weißweinessig
- 1 TL Dijon-Senf
- 20 g geriebener Parmesan
- 1 Vollkornbrötchen, in Würfel geschnitten
- 1 EL Bio-Zitronensaft
- 1 kleine Knoblauchzehe, fein gehackt
- Salz und Pfeffer nach Geschmack

Zubereitung:

1. Erhitze in einer Pfanne etwas Olivenöl bei mittlerer Hitze. Brate die Hähnchenbrust von beiden Seiten an, bis sie goldbraun und durchgegart ist. Das dauert je nach Dicke der Brust ca. 6-8 Minuten pro Seite. Dann aus der Pfanne nehmen und abkühlen lassen.

2. In der gleichen Pfanne füge ein wenig mehr Olivenöl hinzu und brate die Vollkornbrötchenwürfel an, bis sie knusprig sind.

3. Für das Dressing mischst du den Weißweinessig, Dijon-Senf, Zitronensaft, gehackten Knoblauch, Salz und Pfeffer in einer kleinen Schüssel. Gut vermischen, bis alle Zutaten gut vermischt sind.

4. Schneide die Hähnchenbrust in dünne Scheiben.

5. In einer großen Schüssel vermische den Römersalat, Hähnchenbrustscheiben, gerösteten Brötchenwürfel und das Dressing. Gut vermengen, bis der Salat gleichmäßig mit dem Dressing überzogen ist.

6. Den Salat auf einen Teller geben und mit geriebenem Parmesan bestreuen.

7. Aufbewahren: Packe den Salat ohne Dressing in einen luftdichten Behälter. Bewahre das Dressing separat in einem kleinen Behälter auf, um den Salat frisch zu halten.

Bunter Linsensalat mit Gemüse

Zubereitungszeit: 20 Minuten
Portionen: 1 Person

Zutaten:

- 60 g grüne Linsen, gewaschen
- 1 kleine Karotte, gewürfelt
- 1 kleiner roter Paprika, gewürfelt
- 4 Kirschtomaten, geviertelt
- 1 Frühlingszwiebel, in feine Ringe geschnitten
- 1 TL natives Olivenöl extra
- 1 TL Balsamico-Essig
- 1 TL Honig
- Salz und Pfeffer nach Geschmack
- Einige Blätter frischer Basilikum, grob gehackt
- 1 EL Kürbiskerne, geröstet

Zubereitung:

1. In einem kleinen Topf die Linsen mit der doppelten Menge Wasser zum Kochen bringen. Die Hitze reduzieren und die Linsen 15 Minuten köcheln lassen oder bis sie weich sind, aber noch Biss haben. Anschließend abgießen und abkühlen lassen.

2. Während die Linsen kochen, Karotte, Paprika, Kirschtomaten und Frühlingszwiebel vorbereiten und in eine Schüssel geben.

3. In einer kleinen Schüssel Olivenöl, Balsamico-Essig, Honig, Salz und Pfeffer vermengen, um das Dressing herzustellen.

4. Das abgekühlte Linsen zu dem Gemüse in die Schüssel geben. Das Dressing darüber gießen und alles gut vermischen.

5. Den Salat mit gehacktem Basilikum und gerösteten Kürbiskernen bestreuen.

6. Aufbewahren: Packe den Linsensalat ohne Dressing in einen luftdichten Behälter und bewahre ihn im Kühlschrank auf. Am besten innerhalb von 2 Tagen verzehren.

Kartoffelsalat mit Dill

Zubereitungszeit: 25 Minuten
Portionen: 1 Person

Zutaten:

- 250 g festkochende Kartoffeln, gewaschen und geviertelt
- 2 EL natives Olivenöl extra
- 1 EL Weißweinessig
- 1 TL Senf
- 1 kleine Schalotte, fein gewürfelt
- 1 Handvoll frischer Dill, gehackt
- Salz und Pfeffer nach Geschmack
- 1 EL saure Sahne

Zubereitung:

1. Setze einen Topf mit Wasser und einer Prise Salz auf und bringe es zum Kochen. Gib die Kartoffelviertel hinein und koche sie, bis sie gar, aber noch bissfest sind (etwa 15 Minuten).

2. In der Zwischenzeit vermische in einer großen Schüssel das Olivenöl, den Weißweinessig, den Senf und die saure Sahne. Füge die gewürfelte Schalotte hinzu und mische alles gut durch.

3. Sobald die Kartoffeln fertig gekocht sind, gieße sie ab und lasse sie kurz ausdampfen.

4. Gib die noch warmen Kartoffeln in die Schüssel mit dem Dressing. Füge den gehackten Dill hinzu und würze mit Salz und Pfeffer. Mische alles gut durch, bis die Kartoffeln gleichmäßig mit dem Dressing überzogen sind.

5. Aufbewahren: Verpacke den Salat und das Dressing getrennt in luftdichte Behältern und stelle sie in den Kühlschrank. Vor dem Verzehr gut durchmischen und nach Belieben nochmal abschmecken.

Couscous-Salat

Zubereitungszeit: 20 Minuten
Portionen: 1 Person

Zutaten:

- 70 g Couscous
- 150 ml kochendes Wasser
- 1 mittelgroße Tomate, gewürfelt
- 1/4 Gurke, gewürfelt
- 2 EL frisch gehackte Petersilie
- 2 EL natives Olivenöl extra
- 1 TL Bio-Zitronensaft
- 1/2 TL Salz
- 1/4 TL frisch gemahlener schwarzer Pfeffer
- 1 Frühlingszwiebel, in feine Ringe geschnitten
- 1 TL Sesamsamen

Zubereitung:

1. Gib den Couscous in eine Schüssel und übergieße ihn mit dem kochenden Wasser. Decke die Schüssel mit einem Teller oder Deckel ab und lass den Couscous für etwa 5 Minuten quellen, bis er das gesamte Wasser aufgesogen hat.

2. Während der Couscous quillt, bereite die anderen Zutaten vor. Würfle die Tomate und die Gurke. Schneide die Frühlingszwiebel in feine Ringe und hacke die Petersilie grob.

3. Den gequollenen Couscous mit einer Gabel auflockern und Olivenöl, Zitronensaft, Salz und Pfeffer hinzufügen. Mische alles gut durch.

4. Gib nun die gewürfelte Tomate, Gurke, Frühlingszwiebel, Petersilie und Sesamsamen hinzu. Mische alles sorgfältig durch, bis der Salat gut durchmischt ist.

5. Aufbewahren: Packe den Couscous-Salat ohne Dressing in einen luftdichten Behälter und bewahre ihn im Kühlschrank auf. Am besten innerhalb von 2 Tagen verzehren.

Quinoasalat mit Avocado

Zubereitungszeit: 25 Minuten
Portionen: 1 Person

Zutaten:

- 70 g Quinoa, abgespült
- 1 reife Avocado, gewürfelt
- 10 Kirschtomaten, halbiert
- 1 kleine rote Zwiebel, fein gewürfelt
- 1 EL natives Olivenöl extra
- 1 TL Balsamicoessig
- 50 g Feta, zerbröselt
- 1 Handvoll Rucola, grob gehackt
- 1 TL Sonnenblumenkerne
- Salz und Pfeffer nach Geschmack

Zubereitung:

1. Setze einen kleinen Topf mit Wasser auf und bringe es zum Kochen. Füge eine Prise Salz hinzu und gib den abgespülten Quinoa hinein. Lass den Quinoa nach Packungsanweisung köcheln, bis er gar ist. Gieße ihn dann ab und lass ihn abkühlen.

2. Während der Quinoa kocht, kannst du die Avocado in Würfel schneiden, die Kirschtomaten halbieren und die rote Zwiebel fein hacken.

3. In einer großen Schüssel mischst du den abgekühlten Quinoa, Avocado-Würfel, Kirschtomaten, rote Zwiebel, Rucola und Feta miteinander.

4. In einer kleinen Schale verrührst du das Olivenöl mit dem Balsamicoessig und gibst Salz und Pfeffer hinzu. Gieße dieses Dressing über den Salat und vermische alles gut miteinander.

5. Streue zum Schluss die Sonnenblumenkerne über den Salat.

6. Aufbewahren: Der Salat kann in einem luftdichten Behälter für bis zu 2 Tage im Kühlschrank aufbewahrt werden. Am besten gibst du das Dressing erst kurz vor dem Verzehr darüber.

Fisch und Meeresfrüchte

Lachssteak mit Dillsoße

Zubereitungszeit: 30 Minuten
Portionen: 1 Person

Zutaten:

- 1 Lachssteak, etwa 150 g, frisch
- 1 EL natives Olivenöl extra
- 1 Prise Salz und Pfeffer
- 100 ml Sahne
- 2 TL frischer Dill, fein gehackt
- 1 kleine Zwiebel, gewürfelt
- 1 TL Bio-Zitronensaft
- 1 TL Senf
- 1 EL Butter

Zubereitung:

1. Das Lachssteak mit Salz und Pfeffer würzen.

2. In einer Pfanne das Olivenöl erhitzen und den Lachs von beiden Seiten für jeweils 3-4 Minuten anbraten, bis er goldbraun und innen noch leicht rosa ist. Anschließend aus der Pfanne nehmen und beiseite stellen.

3. In derselben Pfanne die Butter schmelzen lassen und die gewürfelte Zwiebel darin glasig dünsten.

4. Die Sahne, den Senf und den Zitronensaft hinzufügen und alles gut verrühren. Die Soße für etwa 5 Minuten leicht köcheln lassen, bis sie eindickt.

5. Den fein gehackten Dill zur Soße geben und mit Salz und Pfeffer abschmecken.

6. Das Lachssteak auf einen Teller legen und mit der heißen Dillsoße übergießen.

7. Aufbewahren: Das gebratene Lachssteak und die Dillsoße getrennt voneinander in luftdichten Behältern aufbewahren.

Garnelenpfanne

Zubereitungszeit: 20 Minuten
Portionen: 1 Person

Zutaten:

- 200 g Garnelen, geschält und entdarmt
- 2 Knoblauchzehen, fein gehackt
- 1 EL natives Olivenöl extra
- 50 g Cocktailtomaten, halbiert
- 1 TL Chili-Flocken
- 2 EL Bio-Zitronensaft
- 1 Handvoll frischer Spinat
- Salz und Pfeffer zum Abschmecken

Zubereitung:

1. Erhitze das Olivenöl in einer Pfanne über mittlerer Hitze. Füge den gehackten Knoblauch hinzu und brate ihn leicht an, bis er duftet. Achte darauf, dass der Knoblauch nicht verbrennt.

2. Gib die Garnelen in die Pfanne und brate sie 2-3 Minuten von jeder Seite, bis sie rosa sind.

3. Füge die halbierten Cocktailtomaten und Chili-Flocken hinzu. Brate alles weitere 2-3 Minuten, bis die Tomaten leicht weich sind.

4. Gib den Zitronensaft dazu und vermische alles gut.

5. Füge den frischen Spinat hinzu und lasse ihn in der Pfanne zusammenfallen. Würze mit Salz und Pfeffer.

6. Sobald alles gut durchgemischt und erhitzt ist, nimm die Pfanne vom Herd.

7. Aufbewahren: Lass die Garnelenpfanne etwas abkühlen, bevor du sie in einen luftdichten Behälter füllst. Im Kühlschrank kann sie bis zu 3 Tage gelagert werden. Zum Verzehr einfach in der Mikrowelle aufwärmen.

Fischburger mit Tartarsoße

Zubereitungszeit: 25 Minuten
Portionen: 1 Person

Zutaten:

- 150 g Weißfischfilet (z.B. Kabeljau oder Seelachs), entgrätet
- 1 Brötchen, aufgeschnitten
- 1 EL Rapsöl
- 1 kleine rote Zwiebel, in feine Ringe geschnitten
- 2 Salatblätter, gewaschen und getrocknet
- 1 Tomate, in Scheiben geschnitten
- 1 kleine Gewürzgurke, in dünne Scheiben geschnitten
- **Für die Tartarsoße:**
- 2 EL Mayonnaise
- 1 TL Senf
- 1 TL Bio-Zitronensaft
- 1 TL gehackte Petersilie
- Salz und Pfeffer

Zubereitung:

1. Den Fisch mit Salz und Pfeffer würzen. In einer Pfanne das Rapsöl erhitzen und den Fisch von beiden Seiten etwa 3 Minuten anbraten, bis er durchgegart ist. Aus der Pfanne nehmen und beiseite stellen.

2. Für die Tartarsoße Mayonnaise, Senf, Zitronensaft, Petersilie in einer kleinen Schüssel vermischen und mit Salz und Pfeffer abschmecken.

3. Das Brötchen kurz in der gleichen Pfanne rösten, bis es leicht knusprig ist.

4. Nun den Burger zusammenstellen: Auf die untere Brötchenhälfte zuerst ein Salatblatt legen, dann den Fisch daraufsetzen. Einige Ringe rote Zwiebel, Tomatenscheiben und Gurkenscheiben darauf verteilen. Zum Schluss die Tartarsoße darüber geben und mit der anderen Brötchenhälfte abschließen.

5. Aufbewahren: Ich empfehle dir, alle Zutaten separat in luftdichten Behältern aufzubewahren. Den Fisch z.B. in einem separaten Behälter aufbewahren und die Sauce in einem kleinen Schraubglas oder ähnlichem. Brötchen, Salat, Tomate und Gurke sollten ebenfalls separat aufbewahrt werden.

Tintenfischringe mit Zitronenmayonnaise

Zubereitungszeit: 20 Minuten
Portionen: 1 Person

Zutaten:

- 150 g Tintenfischringe
- 50 g Paniermehl
- 1 TL Paprikapulver
- Salz und Pfeffer nach Geschmack
- 1 Bio-Ei, verquirlt
- 100 ml Sonnenblumenöl zum Braten

- **Für die Zitronenmayonnaise:**
- 3 EL Mayonnaise
- 1 TL frischer Bio-Zitronensaft
- Zitronenschale von einer halben Bio-Zitrone, fein gerieben
- Salz nach Geschmack

Zubereitung:

1. Mische das Paniermehl, Paprikapulver, Salz und Pfeffer in einer flachen Schüssel. Das verquirlte Ei in eine andere Schüssel geben.

2. Tauche die Tintenfischringe zuerst ins Ei und danach in die Paniermehlmischung. Achte darauf, dass die Ringe gut mit dem Paniermehl bedeckt sind.

3. Erhitze das Sonnenblumenöl in einer Pfanne auf mittlerer Stufe. Brate die Tintenfischringe darin goldbraun an, das dauert etwa 2-3 Minuten pro Seite. Lass sie anschließend auf einem Küchenpapier abtropfen.

4. Für die Zitronenmayonnaise vermische Mayonnaise, Zitronensaft, Zitronenschale und Salz in einer kleinen Schüssel, bis alles gut vermischt ist.

5. Aufbewahren: Lagere die gebratenen Tintenfischringe und die Zitronenmayonnaise separat in luftdichten Behältern im Kühlschrank. Vor dem Verzehr die Tintenfischringe in der Mikrowelle erwärmen.

Thunfischsteak mit Kapernbutter

Zubereitungszeit: 20 Minuten
Portionen: 1 Person

Zutaten:

- 1 Thunfischsteak (ca. 150 g), frisch
- 2 EL weiche Butter
- 1 EL Kapern, fein gehackt
- 1/2 Bio-Bio-Zitrone, der Saft
- 2 EL frische Petersilie, fein gehackt
- 1 TL natives Olivenöl extra
- Salz und Pfeffer nach Geschmack

Zubereitung:

1. In einer kleinen Schüssel Butter, Kapern, Zitronensaft und gehackte Petersilie vermengen. Mit Salz und Pfeffer abschmecken und beiseite stellen.

2. Das Thunfischsteak leicht mit Olivenöl bestreichen, salzen und pfeffern.

3. Eine Pfanne auf mittlerer Hitze vorheizen. Das Thunfischsteak 2-3 Minuten von jeder Seite anbraten, je nach gewünschtem Gargrad.

4. Das Steak aus der Pfanne nehmen und auf einen Teller legen. Die Kapernbutter großzügig darauf verteilen. Das Steak einige Minuten ruhen lassen, damit die Butter leicht schmelzen kann.

5. Aufbewahren: Das Thunfischsteak und die Kapernbutter getrennt in luftdichte Behälter geben und im Kühlschrank aufbewahren.

Forelle im Kräutermantel

Zubereitungszeit: 25 Minuten
Portionen: 1 Person

Zutaten:

- 1 Forelle (etwa 200 bis 250 g), ausgenommen und gereinigt
- 3 EL natives Olivenöl extra
- 1 EL gehackte Petersilie
- 1 EL gehackter Dill
- 1 EL gehackter Basilikum
- 1 kleine Schalotte, fein gewürfelt
- Salz und Pfeffer nach Geschmack
- 1 Scheibe Bio-Zitrone
- 2 EL Semmelbrösel

Zubereitung:

1. In einer kleinen Schüssel das Olivenöl, Petersilie, Dill, Basilikum und Schalotte vermischen. Mit Salz und Pfeffer abschmecken.

2. Die Forelle innen und außen leicht salzen und pfeffern.

3. Die Kräutermischung gleichmäßig auf der Außenseite der Forelle verteilen.

4. Die Forelle in Semmelbrösel wälzen, sodass sie gut bedeckt ist.

5. Eine Pfanne mit etwas Olivenöl erhitzen. Wenn das Öl heiß ist, die Forelle von beiden Seiten je 5-7 Minuten goldbraun braten.

6. Die Forelle auf einen Teller legen, mit der Zitronenscheibe garnieren.

7. Aufbewahren: Nach dem Abkühlen die Forelle in einem luftdichten Behälter legen. Sie kann im Kühlschrank bis zu 2 Tage aufbewahrt werden.

Kabeljau mit Tomaten-Oliven-Salsa

Zubereitungszeit: 30 Minuten
Portionen: 1 Person

Zutaten:

- 150 g Kabeljau, frisch
- 2 mittelgroße Tomaten, gewürfelt
- 5 schwarze Oliven, entsteint und in Ringe geschnitten
- 1 kleine Schalotte, fein gewürfelt
- 1 EL natives Olivenöl extra
- 1 TL Weißweinessig
- 1 Prise Zucker
- Salz und Pfeffer nach Geschmack
- Ein paar frische Basilikumblätter, gehackt

Zubereitung:

1. Den Kabeljau mit Salz und Pfeffer würzen. In einer beschichteten Pfanne 1 EL Olivenöl erhitzen und den Fisch von beiden Seiten ca. 3-4 Minuten anbraten, bis er goldbraun und durchgegart ist. Den Fisch aus der Pfanne nehmen und beiseite stellen.

2. Für die Salsa die Tomaten, Oliven und Schalotte in eine Schüssel geben. Weißweinessig, den Rest des Olivenöls und Zucker hinzufügen. Alles gut vermengen und mit Salz und Pfeffer abschmecken. Das Basilikum unterheben.

3. Den Kabeljau auf einen Teller geben und die Tomaten-Oliven-Salsa darüber verteilen.

4. Aufbewahren: Den Kabeljau und die Salsa in separaten luftdichten Behältern aufbewahren.

Gebratene Sardinen mit Zitronenzesten

Zubereitungszeit: 15 Minuten
Portionen: 1 Person

Zutaten:

- 2 frische Sardinen, ausgenommen und geschuppt
- 1 TL natives Olivenöl extra
- 1 Bio-Zitrone, Schale abgerieben und in Scheiben geschnitten
- Eine Prise grobes Meersalz
- 1 TL frisch gehackte Petersilie
- 2 EL Vollkornbrösel
- 1 kleine rote Chili, entkernt und fein gehackt
- 50 ml Weißwein
- 1 EL Kapern, abgetropft

Zubereitung:

1. Die Sardinen unter fließendem Wasser abspülen und mit Küchenpapier trocken tupfen.

2. In einer Pfanne das Olivenöl erhitzen. Die Sardinen von beiden Seiten jeweils 2-3 Minuten scharf anbraten, bis sie eine goldbraune Farbe haben.

3. Die Zitronenscheiben in die Pfanne geben und kurz mitbraten, bis sie leicht karamellisiert sind.

4. Den Weißwein vorsichtig hinzufügen. Vorsicht, es kann spritzen! Den Weißwein kurz aufkochen lassen, bis er zur Hälfte reduziert ist.

5. Die gehackte Chili, Kapern und Zitronenzesten hinzufügen und alles gut vermengen.

6. Mit einer Prise Meersalz würzen und die Pfanne vom Herd nehmen.

7. Die Sardinen auf einen Teller geben, mit den Vollkornbröseln bestreuen und mit der frisch gehackten Petersilie garnieren.

8. Aufbewahren: Die gebratenen Sardinen in einem luftdichten Behälter im Kühlschrank aufbewahren.

Seelachsfilet mit Senfsoße

Zubereitungszeit: 20 Minuten
Portionen: 1 Person

Zutaten:

- 1 Seelachsfilet (ca. 150 g), gewaschen und getrocknet
- 1 EL natives Olivenöl extra
- Salz und Pfeffer nach Geschmack
- 2 EL Sahne
- 1 TL Dijon-Senf
- 1 TL Honig
- 1 Frühlingszwiebel, fein gehackt
- 2 EL frischer Dill, gehackt
- 50 ml Hühnerbrühe
- 1 TL Bio-Zitronensaft

Zubereitung:

1. Das Seelachsfilet auf beiden Seiten mit Salz und Pfeffer würzen.

2. Eine Pfanne mit dem Olivenöl erhitzen und das Seelachsfilet von beiden Seiten jeweils ca. 3-4 Minuten anbraten, bis es goldbraun und durchgegart ist.

3. Das Filet aus der Pfanne nehmen und beiseite legen.

4. In derselben Pfanne die Hühnerbrühe, Sahne, Dijon-Senf und Honig hinzufügen. Gut umrühren und zum Kochen bringen.

5. Die fein gehackte Frühlingszwiebel und den Dill hinzufügen. Die Soße etwa 2-3 Minuten köcheln lassen, bis sie etwas eindickt.

6. Mit Zitronensaft, Salz und Pfeffer abschmecken.

7. Das Seelachsfilet zurück in die Pfanne geben und kurz in der Soße erwärmen.

8. Aufbewahren: Das Seelachsfilet mit der Senfsoße in einem luftdichten Behälter aufbewahren. Im Kühlschrank bis zu 2 Tage haltbar.

Fischcurry mit Kokosmilch

Zubereitungszeit: 25 Minuten
Portionen: 1 Person

Zutaten:

- 150 g Weißfischfilet (z.B. Seelachs, entgrätet und in mundgerechte Stücke geschnitten)
- 200 ml Kokosmilch, ungesüßt
- 1 kleine rote Paprika, gewürfelt
- 1/2 Zwiebel, gewürfelt
- 1 EL frischer Ingwer, gerieben
- 1 TL Kurkuma
- 1 TL Currypulver
- 1 EL Sojasauce
- 2 EL Bio-Limettensaft
- 1 EL Kokosöl
- Frischer Koriander, grob gehackt
- 1 kleine Chili, entkernt und fein geschnitten (oder nach Geschmack)
- Salz und Pfeffer

Zubereitung:

1. In einer Pfanne das Kokosöl erhitzen und die Zwiebel darin glasig dünsten.

2. Den geriebenen Ingwer, die Paprika und Chili hinzugeben und für 2-3 Minuten anbraten.

3. Den Fisch in die Pfanne geben und von beiden Seiten kurz anbraten.

4. Mit Kokosmilch ablöschen und die Gewürze (Kurkuma und Currypulver) sowie Sojasauce und Limettensaft hinzufügen.

5. Das Curry auf kleiner Flamme 10-12 Minuten köcheln lassen, bis der Fisch gar ist. Mit Salz und Pfeffer abschmecken.

6. Zum Schluss mit frischem Koriander garnieren.

7. Aufbewahren: Das Fischcurry in einem luftdichten Behälter im Kühlschrank lagern. Es hält sich 2-3 Tage.

Desserts

Schokoladenmousse mit Himbeeren

Zubereitungszeit: 15 Minuten
Portionen: 1 Person

Zutaten:

- 50 g dunkle Schokolade (min. 70% Kakao), grob gehackt
- 100 ml kalte Schlagsahne
- 1 TL Zucker
- 1/2 TL Vanilleextrakt
- 30 g Himbeeren, frisch und gewaschen
- 1 Prise Salz

Zubereitung:

1. In einer kleinen Schüssel die dunkle Schokolade über einem Wasserbad langsam schmelzen lassen. Dabei gelegentlich umrühren, bis sie vollständig geschmolzen ist. Vom Herd nehmen und kurz abkühlen lassen.

2. Während die Schokolade abkühlt, die kalte Schlagsahne in einer größeren Schüssel mit dem Zucker und dem Vanilleextrakt steif schlagen, bis sie ihre Form behält.

3. Die leicht abgekühlte geschmolzene Schokolade vorsichtig unter die Sahne heben. Dabei darauf achten, dass die Mousse gleichmäßig und ohne Klümpchen wird. Zum Schluss eine Prise Salz hinzufügen und gut unterrühren.

4. Die Himbeeren vorsichtig unter die Mousse heben und alles in eine Schale oder ein Glas geben.

5. Aufbewahren: Das Schokoladenmousse in einem luftdichten Behälter im Kühlschrank lagern. Es ist im Kühlschrank bis zu 3 Tage haltbar.

Vanillepudding mit Karamellsoße

Zubereitungszeit: 20 Minuten
Portionen: 1 Person

Zutaten:

- 250 ml Milch
- 20 g Zucker
- 1 Vanilleschote, ausgekratzt
- 15 g Maisstärke
- 1 Bio-Eigelb
- 50 g Zucker (für die Karamellsoße)
- 25 ml Wasser
- 15 ml Sahne
- 1 Prise Salz

Zubereitung:

1. Erhitze in einem kleinen Topf die Milch, aber lass sie nicht kochen. Füge den Zucker und das ausgekratzte Vanillemark hinzu und rühre, bis sich der Zucker aufgelöst hat.

2. In einer kleinen Schüssel verrühre das Eigelb mit der Maisstärke, bis es klümpchenfrei ist.

3. Gib nun ein wenig der warmen Milch in die Eigelb-Mischung und rühre kräftig. Dann gieße diese Mischung zurück in den Topf.

4. Koche den Pudding unter ständigem Rühren auf, bis er eindickt. Achte darauf, dass er nicht anbrennt. Sobald er die gewünschte Konsistenz erreicht hat, nimm den Topf vom Herd.

5. Für die Karamellsoße gib den Zucker und das Wasser in einen weiteren kleinen Topf und erhitze die Mischung, bis sich ein goldbraunes Karamell bildet. Vorsicht, das geht schnell! Dann nimm den Topf vom Herd, füge die Sahne und die Prise Salz hinzu und rühre gut um. Lass die Soße kurz abkühlen.

6. Fülle den Vanillepudding in ein geeignetes Gefäß und gib die Karamellsoße darüber.

7. Aufbewahren: Den abgekühlten Vanillepudding und die Karamellsoße getrennt in luftdichten Behältern im Kühlschrank lagern. Vor dem Verzehr wieder auf Zimmertemperatur bringen oder leicht erwärmen.

Schokoladenkekse

Zubereitungszeit: 15 Minuten
Portionen: 1 Person

Zutaten:

- 50 g weiche Butter
- 30 g Zucker
- 1 Bio-Ei
- 60 g Mehl
- 10 g Kakaopulver, ungesüßt
- 1 TL Backpulver
- Eine Prise Salz
- 30 g dunkle Schokolade (min. 70% Kakao), grob gehackt
- 20 g Mandelsplitter

Zubereitung:

1. Heize den Ofen auf 180 Grad vor.
2. In einer Schüssel verrührst du die Butter und den Zucker, bis die Mischung cremig ist.
3. Füge das Ei hinzu und rühre weiter, bis alles gut vermengt ist.
4. Mische in einer anderen Schüssel das Mehl, Kakaopulver, Backpulver und Salz.
5. Gib die trockenen Zutaten langsam zur Butter-Zucker-Ei-Mischung und rühre bis ein geschmeidiger Teig entsteht.
6. Füge die gehackte Schokolade und Mandelsplitter hinzu und rühre sie vorsichtig unter.
7. Mit Hilfe eines Löffels setzt du kleine Teighäufchen auf ein mit Backpapier ausgelegtes Backblech.
8. Backe die Kekse 10-12 Minuten lang, bis sie fest sind, aber in der Mitte noch weich.
9. Lass sie auf dem Blech auskühlen.
10. Aufbewahren: Nachdem die Kekse vollständig abgekühlt sind, kannst du sie in einem luftdichten Behälter für bis zu 3 Tage aufbewahren.

Quark mit Beerenkompott

Zubereitungszeit: 15 Minuten
Portionen: 1 Person

Zutaten:

- 150 g Quark, gut durchge-
  rührt
- 100 g gemischte Beeren (z.B.
  Erdbeeren, Himbeeren und
  Blaubeeren), gewaschen
  und geviertelt
- 1 EL Honig
- 1 TL Bio-Zitronensaft
- Eine Prise Zimt
- Einige Minzblätter, fein gehackt

Zubereitung:

1. In einer kleinen Pfanne die Beeren, Honig und Zitronensaft auf mittlerer Hitze erwärmen. Gelegentlich umrühren, bis die Beeren weich werden und anfangen, ihren Saft abzugeben. Dies dauert etwa 5-7 Minuten.

2. Den Beerenmix vom Herd nehmen und leicht abkühlen lassen. Die
   Prise Zimt hinzufügen und gut umrühren.

3. Den Quark in eine Servierschale geben. Das leicht abgekühlte Beerenkompott darüber gießen.

4. Mit den fein gehackten Minzblättern bestreuen.

5. Aufbewahren: Das Beerenkompott und den Quark getrennt voneinander in luftdichten Behältern aufbewahren. Im Kühlschrank ist es bis zu
   3 Tage haltbar.

Panna Cotta mit Fruchtsoße

Zubereitungszeit: 20 Minuten
Portionen: 1 Person

Zutaten:

- 100 ml Sahne
- 25 g Zucker
- 1/2 TL Gelatinepulver
- 1/2 TL Vanilleextrakt
- 100 ml gemischte Beeren (z.B. Himbeeren, Blaubeeren, gewaschen und halbiert)
- 1 EL Zucker
- 1 TL Bio-Zitronensaft

Zubereitung:

1. In einem kleinen Topf Sahne und Zucker erwärmen, bis der Zucker sich vollständig aufgelöst hat. Nicht kochen lassen!

2. Gelatinepulver in 2 EL kaltem Wasser für etwa 5 Minuten einweichen, bis es quillt.

3. Die gequollene Gelatine und den Vanilleextrakt zur Sahne-Zucker-Mischung geben und gut umrühren, bis sich die Gelatine aufgelöst hat.

4. Die Mischung in eine kleine Dessertform gießen und mindestens 4 Stunden oder über Nacht im Kühlschrank fest werden lassen.

5. Für die Fruchtsoße die gemischten Beeren mit Zucker und Zitronensaft in einem kleinen Topf köcheln lassen, bis die Früchte weich sind und der Saft austritt. Vom Herd nehmen und abkühlen lassen.

6. Die Panna Cotta aus dem Kühlschrank nehmen und vorsichtig aus der Form stürzen. Mit der Fruchtsoße servieren.

7. Aufbewahren: Die Panna Cotta in der Form mit Frischhaltefolie abdecken und im Kühlschrank aufbewahren. Die Fruchtsoße in einem luftdichten Behälter im Kühlschrank aufbewahren. Beides ist bis zu 3 Tage haltbar.

Mango-Sorbet

Zubereitungszeit: 15 Minuten
Portionen: 1 Person

Zutaten:

- 1 reife Mango, geschält und in Würfel geschnitten
- 30 ml frisch gepresster Bio-Limettensaft
- 2 EL Agavendicksaft oder Honig
- Eine Prise Salz
- Einige Minzblätter, fein gehackt

Zubereitung:

1. Nimm die gewürfelte Mango und gebe sie zusammen mit dem Limettensaft, dem Agavendicksaft und der Prise Salz in einen Mixer oder eine Küchenmaschine.

2. Mixe alles zu einer glatten Masse.

3. Fülle die Mischung in eine gefrierfeste Dose oder einen Behälter und lasse sie für mindestens 3-4 Stunden im Gefrierfach fest werden.

4. Vor dem Verzehr das Sorbet etwa 5-10 Minuten antauen lassen. Mit einem Löffel Kugeln formen und mit gehackter Minze garnieren.

5. Aufbewahren: Das Sorbet kann perfekt im Gefrierfach aufbewahrt werden. Solltest du es länger als 3 Tage lagern, bedecke den Behälter mit Frischhaltefolie, um eine Eiskristallbildung zu vermeiden. Bei Bedarf entnimmst du die gewünschte Menge und lässt sie kurz antauen.

Apfelkuchen im Glas

Zubereitungszeit: 25 Minuten
Portionen: 1 Person

Zutaten:

- 1 Apfel, gewürfelt
- 2 EL Haferflocken
- 2 EL Vollkornmehl
- 1 EL Rohrzucker
- 1 TL Zimtpulver
- 1 EL Mandeln, grob gehackt
- 1 EL Butter, geschmolzen
- 1 TL Backpulver
- 50 ml Milch

Zubereitung:

1. Nimm dir zuerst den Apfel und würfle ihn in kleine Stückchen.

2. In einer kleinen Schüssel vermischst du die Haferflocken, das Vollkornmehl, den Rohrzucker, das Zimtpulver, das Backpulver und die gehackten Mandeln.

3. Gib nun die geschmolzene Butter und die Milch hinzu und rühre alles gut durch, bis ein gleichmäßiger Teig entsteht.

4. Füge die Apfelwürfel zur Mischung hinzu und rühre erneut, bis die Äpfel gleichmäßig im Teig verteilt sind.

5. Gieße die Mischung in ein hitzebeständiges Glas, das du zuvor mit etwas Butter ausgestrichen hast, damit nichts anklebt.

6. Stelle das Glas in eine Mikrowelle und koche es auf hoher Stufe für etwa 3-4 Minuten oder bis die Mitte fest, aber noch feucht ist.

7. Lass den Apfelkuchen im Glas ein paar Minuten abkühlen, bevor du ihn genießt. Er ist direkt aus dem Glas essbar, oder du kannst ihn auf einen Teller stürzen, wenn du magst.

8. Aufbewahren: Wenn du den Apfelkuchen für später aufheben möchtest, lass ihn zuerst komplett auskühlen. Danach kannst du das Glas mit einem Deckel verschließen und es im Kühlschrank aufbewahren. So bleibt der Kuchen bis zu 2 Tage frisch.

Schokoladenfondue mit Früchten

Zubereitungszeit: 15 Minuten
Portionen: 1 Person

Zutaten:

- 100 g dunkle Schokolade (min. 70% Kakao), in kleine Stücke gebrochen
- 50 ml Sahne
- 1 EL Honig
- 1 Prise Salz
- 50 g Erdbeeren, gewaschen und halbiert
- 50 g Bananen, in Scheiben geschnitten
- 50 g Ananas, in kleine Stücke geschnitten

Zubereitung:

1. In einem kleinen Topf die Sahne auf mittlerer Hitze erwärmen. Sobald sie heiß ist (aber nicht kocht), die Schokoladenstücke hinzufügen.

2. Unter ständigem Rühren die Schokolade in der Sahne schmelzen, bis eine glatte Masse entsteht.

3. Den Honig und die Prise Salz hinzufügen und alles gut vermengen.

4. Das Schokoladenfondue in eine kleine Schüssel oder einen Fonduetopf gießen.

5. Die vorbereiteten Früchte auf einem Teller anrichten und zusammen mit dem Schokoladenfondue servieren. Mithilfe von Fondue-Gabeln oder Spießen die Früchte in die Schokolade tauchen.

6. Aufbewahren: Falls du das Schokoladenfondue vorkochen möchtest, lasse es nach der Zubereitung abkühlen und bewahre es in einem luftdichten Behälter im Kühlschrank auf. Die Früchte separat in einem verschließbaren Behälter im Kühlschrank aufbewahren. Vor dem Verzehr das Schokoladenfondue in der Mikrowelle erwärmen.

Mascarponecreme mit Espresso

Zubereitungszeit: 10 Minuten
Portionen: 1 Person

Zutaten:

- 80 g Mascarpone, kalt
- 1 TL Zucker
- 1 Espresso (ca. 50 ml), frisch zubereitet und abgekühlt
- 1 EL Kakaopulver, ungesüßt
- 1 EL gehackte Haselnüsse, geröstet
- 3-4 Löffelbiskuits, zerbröselt

Zubereitung:

1. In einer kleinen Schüssel den Mascarpone mit dem Zucker glatt rühren, bis die Masse geschmeidig ist.

2. Den abgekühlten Espresso vorsichtig unter die Mascarpone-Mischung heben, bis alles gut vermischt ist.

3. Das Kakaopulver sieben und unter die Masse heben, sodass eine gleichmäßige Farbe entsteht.

4. Ein Drittel der Löffelbiskuitbrösel auf den Boden eines Glases geben.

5. Die Hälfte der Mascarpone-Espresso-Mischung darüber geben.

6. Ein weiteres Drittel der Löffelbiskuitbrösel darüberstreuen und dann den Rest der Mascarpone-Mischung darauf verteilen.

7. Mit den restlichen Löffelbiskuitbröseln und den gerösteten Haselnüssen abschließen.

8. Aufbewahren: Die Mascarponecreme in einem luftdichten Behälter im Kühlschrank aufbewahren. Vor dem Verzehr etwa 10-15 Minuten bei Raumtemperatur stehen lassen.

Grießbrei mit Zimtzucker

Zubereitungszeit: 20 Minuten
Portionen: 1 Person

Zutaten:

- 50 g Dinkelgrieß, fein
- 250 ml Milch
- 1 EL Zucker
- 1 Prise Salz
- 1 TL Zimt
- 1 EL Rosinen, gewaschen und abgetropft
- 1/2 Apfel, geschält und gewürfelt
- 1 TL Honig

Zubereitung:

1. Gib die Milch in einen Topf und bringe sie auf mittlerer Hitze zum Köcheln. Füge währenddessen den Zucker und eine Prise Salz hinzu und rühre gut um.

2. Wenn die Milch heiß ist, streue den Grieß langsam ein und rühre ständig weiter, damit sich keine Klumpen bilden. Lasse den Grießbrei auf niedriger Hitze etwa 10 Minuten köcheln, bis er dickflüssig und cremig ist.

3. In der Zwischenzeit kannst du den Apfel vorbereiten. Gib die gewürfelten Apfelstückchen in eine kleine Pfanne und füge den Honig dazu. Lass die Mischung 5 Minuten karamellisieren, bis die Apfelstücke weich sind.

4. Nun, füge die karamellisierten Äpfel und Rosinen zum Grießbrei hinzu und vermische alles gut.

5. Gib den Grießbrei in eine Schüssel und bestreue ihn mit Zimtzucker. Du kannst nach Geschmack noch mehr Honig darüber träufeln.

Aufbewahren: Der Grießbrei kann nach dem Abkühlen in einem luftdichten Behälter im Kühlschrank für bis zu 3 Tage aufbewahrt werden. Zum Servieren einfach kurz in der Mikrowelle erwärmen.

Muskelaufbau Ernährung

Vorwort

Liebe Leserin, lieber Leser,

In einer Welt, die von Ernährungstrends und unterschiedlichen Trainingsansätzen überflutet ist, ist es oft schwierig, die richtige Balance zwischen Training und Ernährung zu finden. Dieses Buch konzentriert sich auf eine proteinreiche Ernährung, die sich für viele als vorteilhaft erwiesen hat – sei es zum Muskelaufbau, zur Leistungssteigerung oder zur Verbesserung des allgemeinen Wohlbefindens.

Das Buch enthält eine Reihe von Rezepten, die besonders reich an Eiweiß und gesunden Fetten sind und sich durch eine einfache Zubereitung auszeichnen. Ein weiterer Vorteil: Bei einer proteinreichen Ernährung muss man nicht auf den Genuss verzichten. Tatsächlich können sich Geschmack und Gesundheit optimal ergänzen.

Es wird immer deutlicher, dass Ernährung mehr ist als nur „Treibstoff" für den Körper. Sie ist ein wesentlicher Bestandteil eines gesunden Lebensstils und kann weitreichende Auswirkungen auf unser Wohlgefühl haben. Mit den Rezepten in diesem Buch möchte ich dir den Einstieg in eine oder die Fortführung einer proteinreichen Ernährung so einfach und schmackhaft wie möglich gestalten.

Es geht hier nicht nur um das Was, sondern auch um das Wie. Denn die Art und Weise, wie wir Lebensmittel auswählen, zubereiten und letztlich genießen, ist mindestens genauso wichtig wie die Lebensmittel selbst. Egal, ob du bereits Erfahrung mit einer proteinreichen Ernährung hast oder gerade erst einsteigst: Dieses Buch wird dir den Weg zu einer ausgewogenen und gesunden Ernährung erleichtern.

Ich hoffe, dass dieses Buch dir zeigt, dass gesundes Essen nicht langweilig sein muss, sondern voller Geschmack und Genuss stecken kann. Viel Freude beim Experimentieren in der Küche!

Frühstück

Porridge mit Beeren

Zubereitungszeit: 15 Minuten
Portionen: 1 Person

Zutaten:

- 50 g feine Haferflocken
- 250 ml Milch oder ungesüßte Mandelmilch
- 1 EL Proteinpulver, Vanillegeschmack
- 1 TL Honig
- 1 Prise Salz
- 100 g gemischte Beeren (z.B. Erdbeeren, Heidelbeeren), gewaschen
- 1 EL Chiasamen
- 1 EL gehackte Nüsse (z.B. Mandeln, Walnüsse), geröstet
- Ein paar Minzblätter, gewaschen und gehackt

Zubereitung:

1. Gib die Haferflocken und die Milch in einen kleinen Topf und erhitze dies bei mittlerer Hitze. Rühre dabei ständig um, um Anbrennen zu verhindern.
2. Wenn die Mischung zu kochen beginnt, reduziere die Hitze auf ein Minimum und lass es 5-7 Minuten köcheln, bis die Haferflocken weich sind und die Flüssigkeit aufgesogen haben.
3. Mische das Proteinpulver und eine Prise Salz unter das Porridge und verrühre alles gut, bis keine Klumpen mehr vorhanden sind. Falls das Porridge zu dick ist, füge noch ein wenig Milch hinzu.
4. Hebe den Honig unter und lass das Porridge noch 1-2 Minuten auf der Herdplatte, bis es die gewünschte Konsistenz erreicht hat.
5. Nimm den Topf vom Herd und füge die Beeren, Chiasamen und die gehackten Nüsse hinzu.
6. Verteile das Porridge in einer Schüssel und garniere es mit den frischen Minzblättern. Guten Appetit.

Quark-Pfannkuchen mit Banane

Zubereitungszeit: 20 Minuten
Portionen: 1 Person

Zutaten:

- 100 g Magerquark
- 1 reife Banane, zerdrückt
- 50 g Vollkornmehl
- 1 Bio-Ei
- 50 ml Milch
- 1 TL Backpulver
- 1 Prise Salz
- 1 EL Honig
- Ein wenig natives Olivenöl extra
- Frische Beeren und ein wenig Naturjoghurt

Zubereitung:

1. Vermenge in einer Schüssel den Magerquark mit der zerdrückten Banane.

2. Füge das Ei hinzu und verrühre es gut mit der Quark-Bananen-Mischung.

3. In einer separaten Schüssel mische das Vollkornmehl mit dem Backpulver und einer Prise Salz.

4. Vermische die trockenen Zutaten mit der feuchten Mischung und rühre gut um.

5. Füge langsam die Milch hinzu, bis ein glatter Teig entsteht.

6. Erhitze ein wenig Olivenöl in einer Pfanne bei mittlerer Hitze.

7. Gib für jeden Pfannkuchen etwa eine Kelle Teig in die Pfanne und brate ihn etwa 2 Minuten auf jeder Seite oder bis er goldbraun ist.

8. Serviere die Pfannkuchen mit einem Klecks Naturjoghurt, frischen Beeren und einem Spritzer Honig. Guten Appetit.

Eiweiß-Omelett mit Spinat

Zubereitungszeit: 15 Minuten
Portionen: 1 Person

Zutaten:

- 3 Eiweiße von mittleren Bio-Eiern, frisch getrennt
- 60 g frischer Spinat, gewaschen und grob gehackt
- 1 kleine rote Zwiebel, fein gewürfelt
- 1 kleine Tomate, gewürfelt
- 50 g Feta, zerkrümelt
- 1 TL natives Olivenöl extra
- Salz und Pfeffer nach Geschmack
- 1 Prise Muskatnuss
- 50 ml Magermilch
- 2 EL frisch gehackte Petersilie

Zubereitung:

1. Erhitze das Olivenöl in einer kleinen, antihaftbeschichteten Pfanne bei mittlerer Hitze. Füge die Zwiebeln hinzu und dünste sie, bis sie weich und goldbraun sind.

2. Während die Zwiebeln dünsten, schlage die Eiweiße mit einer Prise Salz in einer sauberen, fettfreien Schüssel, bis sie steif sind.

3. Gib den Spinat zur Pfanne, würze ihn mit Pfeffer und Muskatnuss und brate ihn, bis er zusammengefallen ist. Dann füge die Tomatenwürfel hinzu und koche alles für etwa 2 Minuten.

4. Vermische in einer anderen Schüssel die Milch mit dem zerkrümelten Feta. Füge diese Mischung zu der Pfanne hinzu und vermische alles gut miteinander.

5. Reduziere die Hitze auf niedrig. Füge die steifen Eiweiße hinzu und verteile sie gleichmäßig mit einem Spatel.

6. Lass das Omelett etwa 3–4 Minuten garen, bis die Unterseite goldbraun und die Oberseite fast fest ist. Du kannst einen Deckel auf die Pfanne geben, damit das Omelett schneller stockt.

7. Bestreue das Omelett mit frischer Petersilie, klapp es in der Mitte zusammen und lass es noch für 1 Minute in der Pfanne.

8. Schiebe das Omelett vorsichtig auf einen Teller. Guten Appetit.

Magerquark mit Honig und Nüssen

Zubereitungszeit: 10 Minuten
Portionen: 1 Person

Zutaten:

- 200 g Magerquark, gekühlt
- 2 EL Walnüsse, grob gehackt
- 1 EL Honig, flüssig
- 1 EL Chiasamen
- 1 EL Leinsamen, geschrotet
- 50 g Beeren (wie Erdbeeren oder Heidelbeeren), frisch und gewaschen
- 1 Banane, in Scheiben geschnitten
- 1 TL Zimt, gemahlen
- 1 Prise Salz

Zubereitung:

1. In einer Schüssel den gekühlten Magerquark geben.
2. Chiasamen und Leinsamen darüberstreuen und leicht unterrühren.
3. Die Bananenscheiben und Beeren behutsam unter den Quark heben.
4. Die Walnüsse in einer Pfanne ohne Fett leicht rösten, bis sie duften, und dann über den Quark streuen.
5. Den Honig gleichmäßig über die Quarkmischung träufeln.
6. Zum Schluss eine Prise Salz und den gemahlenen Zimt darübergeben.
7. Das Ganze vorsichtig vermengen. Guten Appetit.

Avocado-Eiweißtoast

Zubereitungszeit: 15 Minuten
Portionen: 1 Person

Zutaten:

- 1 reife Avocado, geschält und entkernt
- 1 Scheibe Vollkornbrot
- 2 EL Quark
- 1 Bio-Ei, gekocht und klein geschnitten
- 1 TL natives Olivenöl extra
- 1 Prise Salz
- 1 Prise Pfeffer
- 1 EL frisch gehackte Petersilie
- 50 g Hähnchenbrust, gekocht und klein geschnitten

Zubereitung:

1. Röste das Vollkornbrot in einem Toaster oder einer Pfanne, bis es knusprig ist.

2. Während das Brot röstet, püriere die Avocado mit einer Gabel, bis sie eine glatte Masse ergibt.

3. Mische den Quark unter die Avocadomasse und füge Salz und Pfeffer nach Geschmack hinzu.

4. Verteile die Avocado-Quark-Mischung gleichmäßig auf der gerösteten Brotscheibe.

5. Gib das klein geschnittene Ei und die Hähnchenbrust auf die Avocadomasse.

6. Beträufle alles mit einem Teelöffel Olivenöl und bestreue es mit frisch gehackter Petersilie. Guten Appetit.

Haferflocken-Proteinshake

Zubereitungszeit: 5 Minuten
Portionen: 1 Person

Zutaten:

- 50 g Haferflocken
- 30 g Proteinpulver, z.B. Whey, Vanillegeschmack
- 1 EL Chiasamen
- 200 ml Mandelmilch, ungesüßt
- 1 reife Banane, geschält und in Scheiben geschnitten
- 1 TL Honig
- 5 Eiswürfel
- 1 Prise Zimt, gemahlen

Zubereitung:

1. Zuerst gib die Haferflocken in einen Mixer und zerkleinere sie zu einem feinen Pulver.

2. Füge das Proteinpulver, die Chiasamen und eine Prise Zimt hinzu.

3. Schneide die Banane in Scheiben und lege sie ebenfalls in den Mixer.

4. Gieße die Mandelmilch vorsichtig dazu. Wenn du es süßer magst, gib einen TL Honig hinzu.

5. Zum Schluss lege die Eiswürfel in den Mixer.

6. Decke den Mixer ab und mixe alles auf höchster Stufe, bis der Shake schön cremig ist. Dies sollte etwa 1-2 Minuten dauern.

7. Gieße den Shake in ein Glas. Guten Appetit.

Griechischer Joghurt mit Granola

Zubereitungszeit: 15 Minuten
Portionen: 1 Person

Zutaten:

- 150 g griechischer Joghurt, fettarm
- 50 g Granola
- 1 EL Honig
- 50 g frische Beeren, gewaschen und geputzt
- 1 TL Chiasamen
- 1 EL Erdnussbutter
- 1 TL Kakaonibs

Zubereitung:

1. Nimm eine Schale und fülle den griechischen Joghurt hinein.
2. Verteile das Granola gleichmäßig über den Joghurt.
3. Gib die frischen Beeren darauf.
4. Bestreue das Ganze mit den Chiasamen und den Kakaonibs.
5. Zum Schluss, gib einen Löffel Erdnussbutter darüber und beträufle alles mit Honig.
6. Vermische alle Zutaten vorsichtig miteinander, sodass sich der Honig und die Erdnussbutter gut verteilen. Guten Appetit.

Schoko-Protein-Pancakes

Zubereitungszeit: 20 Minuten
Portionen: 1 Person

Zutaten:

- 50 g Vollkornmehl
- 1 EL Kakaopulver
- 1 TL Backpulver
- 1 EL Proteinpulver, Schoko-Geschmack
- 1 EL Honig
- 100 ml Magermilch
- 1 Bio-Ei, aufgeschlagen
- 1 Banane, in Scheiben geschnitten
- 1 EL Kokosöl

Zubereitung:

1. In einer Schüssel Vollkornmehl, Kakaopulver, Backpulver und Proteinpulver zusammen vermischen.

2. In einer anderen Schüssel Honig, Magermilch und das aufgeschlagene Ei gut verquirlen.

3. Nun mische die flüssigen Zutaten vorsichtig unter die trocken Zutaten. Rühre so lange, bis keine Klumpen mehr vorhanden sind, aber nicht zu lange, um den Teig nicht zu überarbeiten.

4. Erhitze eine Pfanne bei mittlerer Hitze und füge etwas Kokosöl hinzu. Sobald das Öl geschmolzen ist, gib einen kleinen Schöpfer des Teigs in die Pfanne. Füge ein paar Bananenscheiben auf den rohen Teig, bevor er zu fest wird.

5. Wenn der Teig Blasen an der Oberfläche bildet, drehe den Pancake um und brate ihn auf der anderen Seite goldbraun.

6. Wiederhole diesen Vorgang, bis der Teig aufgebraucht ist. Guten Appetit.

Himbeer-Protein-Smoothie

Zubereitungszeit: 5 Minuten
Portionen: 1 Person

Zutaten:

- 150 g frische Himbeeren, gewaschen
- 1 Banane, geschält und in Scheiben geschnitten
- 200 ml Mandelmilch, ungesüßt
- 30 g Proteinpulver (z.B. Whey)
- 1 EL Chiasamen
- 1 EL Leinsamen, geschrotet
- 1 TL Honig
- 1 Handvoll Eiswürfel
- 1 Prise Salz

Zubereitung:

1. Nimm einen leistungsstarken Mixer und gib die Himbeeren, die Bananenscheiben, die Mandelmilch und das Proteinpulver hinein.

2. Füge die Chiasamen und die Leinsamen hinzu.

3. Gib eine Prise Salz und den Honig oder ein anderes Süßungsmittel deiner Wahl hinzu.

4. Füge zum Schluss die Eiswürfel hinzu, um deinem Smoothie eine angenehme Kühle zu verleihen.

5. Mixe alles gut durch, bis du eine glatte und cremige Konsistenz erhältst. Falls der Smoothie zu dick ist, kannst du noch etwas Mandelmilch hinzufügen, bis er die gewünschte Konsistenz hat.

6. Gieße den fertigen Smoothie in ein großes Glas. Guten Appetit.

Erdnussbutter-Bananen-Proteinbrot

Zubereitungszeit: 15 Minuten
Portionen: 1 kleines Brot

Zutaten:

- 1 reife Banane, zerdrückt
- 30 g Erdnussbutter, geschmolzen
- 40 g Mandelmehl
- 20 g Proteinpulver, geschmacksneutral
- 1 TL Backpulver
- 1 Bio-Ei, geschlagen
- 1 Prise Salz
- 10 g Chiasamen
- 50 ml Milch oder ungesüßte Hafermilch
- 10 g Kokosöl, zum Einfetten
- 10 g gehackte Nüsse (z.B. Walnüsse)

Zubereitung:

1. Heize deinen Ofen auf 180 Grad vor und fette eine kleine Backform mit Kokosöl ein.

2. In einer Schüssel die zerdrückte Banane mit der geschmolzenen Erdnussbutter vermengen.

3. Füge das geschlagene Ei und die Milch dazu und rühre alles gut um.

4. In einer separaten Schüssel Mandelmehl, Proteinpulver, Backpulver und eine Prise Salz mischen.

5. Vermische nun die trockenen und die nassen Zutaten miteinander und rühre den Teig glatt.

6. Gib die Chiasamen dazu und lasse den Teig kurz quellen.

7. Fülle den Teig in die vorbereitete Form und streue die gehackten Nüsse darüber.

8. Backe das Brot im vorgeheizten Ofen für etwa 25 Minuten, oder bis ein Stäbchen sauber herauskommt.

9. Lasse das Brot vor dem Anschneiden etwas abkühlen. Guten Appetit.

Amaranth-Frühstücksbowl

Zubereitungszeit: 20 Minuten
Portionen: 1 Person

Zutaten:

- 50 g Amaranth, gut gespült und abgetropft
- 200 ml Wasser
- 1 reife Banane, in Scheiben geschnitten
- 30 g Magerquark
- 15 g Chiasamen
- 20 g Walnüsse, grob gehackt
- 10 g Honig
- 1 TL Zimt
- 1 EL frische Beeren (z.B. Blaubeeren oder Himbeeren), gewaschen
- Ein Spritzer Bio-Zitronensaft
- 1 Prise Salz

Zubereitung:

1. Gib den Amaranth zusammen mit 200 ml Wasser und einer Prise Salz in einen Topf und bringe es zum Kochen. Reduziere dann die Hitze und lass den Amaranth etwa 15 Minuten köcheln, bis er weich ist und das Wasser absorbiert hat. Rühre ab und zu um, um sicherzustellen, dass er nicht anbrennt.

2. Während der Amaranth kocht, kannst du die Bananenscheiben in einer beschichteten Pfanne bei mittlerer Hitze anbraten, bis sie goldbraun sind.

3. Mische den gekochten Amaranth mit dem Magerquark, um eine cremige Konsistenz zu erhalten. Gib den Zimt dazu und vermische alles gut miteinander.

4. Füge nun die gebratenen Bananen, Chiasamen, Walnüsse und frische Beeren hinzu. Beträufle die Bowl mit Honig und einem Spritzer Zitronensaft. Wenn du magst, kannst du noch etwas Zimt über die Bowl streuen. Guten Appetit.

Hauptgerichte

Hähnchen-Avocado-Salat

Zubereitungszeit: 20 Minuten
Portionen: 1 Person

Zutaten:

- 150 g Hähnchenbrust, in Streifen geschnitten
- 1 reife Avocado, gewürfelt
- 50 g Quinoa, gut gespült und abgetropft
- 50 g gemischter Salat (z.B. Rucola, Lollo Rosso), gewaschen und getrocknet
- 10 Cherrytomaten, halbiert
- 1 EL natives Olivenöl extra
- 1 TL Bio-Zitronensaft
- Salz und Pfeffer nach Geschmack
- 1 TL Dijon-Senf
- 1 TL Honig
- 50 ml Wasser
- 1 EL frisch gehackte Petersilie
- 1 TL Chiasamen

Zubereitung:

1. Koche zuerst die Quinoa gemäß den Anweisungen auf der Verpackung und lasse sie dann abkühlen.

2. Während die Quinoa kocht, erhitze das Olivenöl in einer Pfanne über mittlerer Hitze. Füge die Hähnchenstreifen hinzu und brate sie etwa 5-6 Minuten auf jeder Seite oder bis sie durchgegart sind. Würze mit Salz und Pfeffer.

3. Für das Dressing vermische Zitronensaft, Dijon-Senf, Honig, Salz und Pfeffer in einer kleinen Schüssel, bis eine homogene Mischung entsteht.

4. In einer großen Schüssel vermische den gemischten Salat, die Cherrytomaten, die gewürfelte Avocado, die gekochte Quinoa und die gebratenen Hähnchenstreifen.

5. Gieße das Dressing über den Salat und vermische alles gut miteinander. Bestreue den Salat mit Chiasamen und frisch gehackter Petersilie.

6. Richte den Salat auf einem Teller an. Guten Appetit.

Quinoa-Linsen-Bowl

Zubereitungszeit: 30 Minuten
Portionen: 1 Person

Zutaten:

- 50 g Quinoa, gut gespült und abgetropft
- 50 g grüne Linsen, gewaschen
- 1 kleiner Brokkoli, in kleine Röschen geschnitten
- 1 mittelgroße Karotte, gewürfelt
- 1 Handvoll Baby-Spinat, gewaschen
- 1 EL natives Olivenöl extra
- 1 EL Sojasauce
- 1 EL Balsamico-Essig
- 1 TL Senf
- Salz und Pfeffer nach Geschmack
- 1 EL Sonnenblumenkerne
- 200 ml Wasser
- Frische Kräuter wie Petersilie, fein gehackt

Zubereitung:

1. Setze Wasser in einem Topf auf und bringe es zum Kochen. Gib eine Prise Salz dazu, füge die Quinoa und Linsen hinzu und koche sie in etwa 20 Minuten weich.

2. In der Zwischenzeit kannst du das Gemüse vorbereiten. Erhitze das Olivenöl in einer Pfanne und brate die Brokkoliröschen und Karottenwürfel an, bis sie leicht gebräunt und weich sind. Füge zum Schluss den Baby-Spinat hinzu und lasse ihn zusammenfallen.

3. Für das Dressing mischst du Sojasauce, Balsamico-Essig und Senf in einer kleinen Schüssel zusammen. Schmecke mit Salz und Pfeffer ab.

4. Wenn die Quinoa und Linsen fertig sind, kannst du sie abgießen und zur Gemüsemischung in die Pfanne geben. Vermenge alles gut miteinander und lass es noch ein paar Minuten ziehen.

5. Gib die Mischung in eine Bowl und träufle das Dressing darüber. Bestreue das Ganze mit den Sonnenblumenkernen und den frischen Kräutern. Guten Appetit.

Garnelen mit Zucchini-Nudeln

Zubereitungszeit: 20 Minuten
Portionen: 1 Person

Zutaten:

- 150 g Garnelen, geschält und entdarmt
- 1 mittelgroße Zucchini, in Spiralen geschnitten
- 1 EL natives Olivenöl extra
- 1 kleine Knoblauchzehe, fein gehackt
- 100 g Kirschtomaten, halbiert
- 1 EL frischer Bio-Zitronensaft
- 1 TL frisch gehackte Petersilie
- Salz und Pfeffer nach Geschmack
- 30 g Parmesan, gerieben
- 50 ml Wasser

Zubereitung:

1. Erhitze das Olivenöl in einer Pfanne bei mittlerer Hitze. Gib den gehackten Knoblauch hinzu und brate ihn leicht an, bis er duftet, jedoch nicht braun wird.

2. Füge die Garnelen hinzu und brate sie 1-2 Minuten auf jeder Seite oder bis sie rosa sind. Entferne die Garnelen aus der Pfanne und lege sie beiseite.

3. In die gleiche Pfanne gibst du nun die Zucchini-Nudeln und brätst diese 1-2 Minuten an, bis sie leicht weich sind, aber noch Biss haben.

4. Füge die Kirschtomaten und das Wasser hinzu und lasse alles etwa 2 Minuten köcheln, bis die Tomaten weich sind und die Zucchini-Nudeln vollständig erhitzt sind.

5. Gib die Garnelen zurück in die Pfanne. Würze mit Salz, Pfeffer und Zitronensaft und vermische alles gut miteinander.

6. Verteile die Mischung auf einem Teller, streue die frische Petersilie und den geriebenen Parmesan darüber und serviere es. Guten Appetit.

Putenbrust mit Süßkartoffeln

Zubereitungszeit: 30 Minuten
Portionen: 1 Person

Zutaten:

- 150 g Putenbrust, in Streifen geschnitten
- 200 g Süßkartoffeln, geschält und in Würfel geschnitten
- 1 EL natives Olivenöl extra
- 1 mittelgroße Zwiebel, gewürfelt
- 1 kleine Knoblauchzehe, fein gehackt
- 100 ml Gemüsebrühe
- 1 EL Sojasauce
- 1 TL Honig
- 1 Prise Paprikapulver, edelsüß
- 1 Handvoll frischer Spinat, gewaschen
- Salz und Pfeffer nach Geschmack

Zubereitung:

1. Erhitze das Olivenöl in einer Pfanne über mittlerer Hitze. Gib die Putenbruststreifen dazu und brate sie, bis sie goldbraun und durchgegart sind. Dann nimm sie aus der Pfanne und stell sie beiseite.

2. In derselben Pfanne füge die gewürfelten Zwiebeln und den gehackten Knoblauch hinzu. Brate sie an, bis sie weich und goldbraun sind.

3. Gib nun die Süßkartoffelwürfel in die Pfanne. Brate sie für einige Minuten an, bis sie leicht gebräunt sind.

4. Füge Gemüsebrühe, Sojasauce, Honig und Paprikapulver zur Pfanne hinzu. Vermische alles gut miteinander und lass es für ca. 15 Minuten köcheln, bis die Süßkartoffeln weich sind.

5. Füge nun den Spinat und die angebratenen Putenbruststreifen hinzu und koche alles für weitere 5 Minuten, bis der Spinat zusammengefallen und die Putenbruststreifen gut mit den anderen Zutaten vermischt sind. Schmecke alles mit Salz und Pfeffer ab.

6. Sobald alles gut vermengt und gekocht ist, serviere es. Guten Appetit.

Rindfleisch-Stirfry mit Brokkoli

Zubereitungszeit: 20 Minuten
Portionen: 1 Person

Zutaten:

- 150 g Rindfleisch, in Streifen geschnitten
- 100 g frischer Brokkoli, in kleine Röschen geteilt
- 1 mittelgroße Möhre, geschält und in dünne Scheiben geschnitten
- 1 Frühlingszwiebel, in Ringe geschnitten
- 1 TL Sesamöl
- 1 EL Sojasauce
- 1 TL frisch geriebener Ingwer
- 1 Knoblauchzehe, fein gehackt
- 1 EL Rapsöl
- 1 EL Sesamsamen
- 50 ml Wasser
- 1 Prise Pfeffer
- 1 Prise Salz

Zubereitung:

1. Erhitze das Sesamöl in einer Pfanne über mittlerer Hitze. Füge das Rindfleisch hinzu und brate es unter Rühren an, bis es braun und durchgegart ist. Nimm das Fleisch aus der Pfanne und setze es beiseite.

2. Gib das Rapsöl in die Pfanne und erwärme es. Füge den Knoblauch und den Ingwer hinzu und brate sie kurz an, bis sie duften.

3. Gib den Brokkoli und die Möhren in die Pfanne und brate sie einige Minuten an, bis sie weich, aber noch bissfest sind. Gegebenenfalls etwas Wasser hinzufügen, um das Gemüse zu dünsten.

4. Füge das angebratene Rindfleisch wieder hinzu, zusammen mit der Sojasauce, dem Salz und dem Pfeffer. Rühre alles gut um, damit die Zutaten gleichmäßig mit der Sauce überzogen sind und lasse das Gericht noch 2-3 Minuten köcheln.

5. Zum Schluss bestreue das Gericht mit den Frühlingszwiebelringen und den Sesamsamen. Guten Appetit.

Spaghetti Bolognese mit Linsennudeln

Zubereitungszeit: 30 Minuten
Portionen: 1 Person

Zutaten:

- 100 g Linsennudeln
- 150 g Rinderhackfleisch
- 100 g passierte Tomaten
- 1 kleine Zwiebel, fein gewürfelt
- 1 kleine Karotte, geschält und fein gewürfelt
- 1 kleine Selleriestange, fein gewürfelt
- 1 EL natives Olivenöl extra
- 1 TL Tomatenmark
- 1 Prise Oregano
- 1 Prise Basilikum
- Salz und Pfeffer nach Geschmack
- Frisches Basilikum
- 50 ml Wasser
- 1 TL Parmesan, gerieben

Zubereitung:

1. Setze einen Topf mit ausreichend Wasser auf, salze dieses leicht und bringe es zum Kochen. Gib dann die Linsennudeln hinzu und koche sie nach Packungsanweisung, bis sie al dente sind. Danach abgießen und beiseite stellen.

2. In einer Pfanne das Olivenöl erhitzen. Das Rinderhackfleisch darin anbraten, bis es krümelig und braun ist. Gib anschließend die gewürfelte Zwiebel, Karotte und Sellerie dazu und dünste das Gemüse, bis es weich ist.

3. Füge das Tomatenmark zu der Pfanne hinzu und rühre es gut unter. Lasse es kurz anrösten, bevor du die passierten Tomaten, Wasser, Oregano und Basilikum dazugibst. Lasse die Sauce für ca. 15 Minuten auf niedriger Hitze köcheln, bis sie eindickt.

4. Schmecke die Bolognese mit Salz und Pfeffer ab und mische die gekochten Linsennudeln unter. Lasse alles noch einmal gut durcherhitzen.

5. Serviere die Spaghetti Bolognese mit einem Blatt frischem Basilikum und etwas geriebenem Parmesan. Guten Appetit.

Kichererbsen-Spinat-Curry

Zubereitungszeit: 25 Minuten
Portionen: 1 Person

Zutaten:

- 100 g Kichererbsen, abgespült und abgetropft
- 150 g frischer Spinat, gewaschen und grob gehackt
- 1 kleine Zwiebel, gewürfelt
- 1 kleine Tomate, gewürfelt
- 1 EL Kokosöl
- 150 ml Kokosmilch, ungesüßt
- 1 TL Currypulver
- 1/2 TL Kreuzkümmel, gemahlen
- 1/2 TL Kurkuma, gemahlen
- Salz und Pfeffer nach Geschmack
- Frische Petersilie, gehackt
- 150 g Quinoa, gut gespült und abgetropft
- 1 EL frischer Bio-Zitronensaft

Zubereitung:

1. In einer Pfanne das Kokosöl erhitzen und die Zwiebeln darin etwa 3-4 Minuten anbraten, bis sie weich und goldbraun sind.

2. Tomate hinzufügen und weitere 2 Minuten köcheln lassen.

3. Kichererbsen, Currypulver, Kreuzkümmel und Kurkuma hinzufügen und gut umrühren, sodass alles schön mit den Gewürzen überzogen ist.

4. Kokosmilch hinzufügen und das Ganze zum Köcheln bringen. Etwa 10 Minuten auf mittlerer Hitze köcheln lassen.

5. Währenddessen den Quinoa nach Packungsanweisung in einem separaten Topf kochen.

6. Nach 10 Minuten den Spinat zum Curry hinzufügen und umrühren, bis der Spinat welk ist.

7. Mit Salz, Pfeffer und Zitronensaft abschmecken und zusammen mit dem gekochten Quinoa servieren.

8. Danach mit frischer Petersilie garnieren. Guten Appetit.

Gebratener Tofu mit Gemüsemix

Zubereitungszeit: 30 Minuten
Portionen: 1 Person

Zutaten:

- 150 g Tofu, in Würfel geschnitten
- 100 g Brokkoli, in kleine Röschen geteilt
- 50 g Karotten, in dünne Scheiben geschnitten
- 50 g Zuckerschoten, geputzt
- 1 EL Sojasauce
- 1 EL natives Olivenöl extra
- 1 TL Sesamöl
- 1 TL Sesamsamen
- 1 TL Honig
- 1 Knoblauchzehe, fein gehackt
- 1 kleine rote Chilischote, fein gehackt
- Salz und Pfeffer nach Geschmack

Zubereitung:

1. Erhitze das Olivenöl in einer Pfanne über mittlerer Hitze und gib den Tofu hinzu. Brate den Tofu von allen Seiten goldbraun an und nimm ihn dann aus der Pfanne.

2. Im gleichen Öl die Karotten anbraten, bis sie etwas weich werden. Dann Brokkoli und Zuckerschoten hinzufügen und für etwa 3-4 Minuten weiterbraten, bis das Gemüse gar, aber noch bissfest ist.

3. Nun kommen Knoblauch und Chili in die Pfanne. Alles gut durchrühren und für etwa 1 Minute braten.

4. Tofu zurück in die Pfanne geben. Sojasauce, Sesamöl und Honig darüber träufeln und alles gut vermengen, bis der Tofu und das Gemüse gut mit der Sauce überzogen sind.

5. Mit Salz und Pfeffer abschmecken und mit Sesamsamen bestreuen. Guten Appetit.

Lachs mit Zitronen-Quinoa

Zubereitungszeit: 30 Minuten
Portionen: 1 Person

Zutaten:

- 150 g Lachsfilet, frisch und Haut entfernt
- 80 g Quinoa, gut gespült und abgetropft
- 1 Bio-Zitrone, Saft und Schale gerieben
- 1 EL natives Olivenöl extra
- 1 kleine rote Zwiebel, fein gewürfelt
- 1 kleiner Bund Petersilie, fein gehackt
- 50 g Babyspinat, gewaschen
- 1 TL Senf, mittelscharf
- Salz und Pfeffer
- 100 ml Wasser

Zubereitung:

1. Du beginnst damit, die Quinoa in einem Sieb unter fließendem Wasser gut zu spülen. Dann gibst du sie in einen Topf, fügst 200 ml Wasser und eine Prise Salz hinzu, bringst es zum Kochen und lässt es bei niedriger Hitze 15 Minuten köcheln, bis das Wasser aufgenommen ist.

2. Während die Quinoa kocht, kannst du den Lachs vorbereiten. Würze ihn mit Salz und Pfeffer und erhitze das Olivenöl in einer Pfanne bei mittlerer Hitze. Brate den Lachs auf jeder Seite 2–3 Minuten an, bis er gar ist. Dann nimmst du ihn aus der Pfanne und lässt ihn auf einem Teller ruhen.

3. In derselben Pfanne gibst du die fein gewürfelte Zwiebel und dünstest sie, bis sie weich ist. Füge den Babyspinat hinzu und dünste ihn, bis er zusammenfällt. Nimm die Pfanne vom Herd.

4. Nun vermengst du in einer Schüssel die gekochte Quinoa, die Zwiebel-Spinat-Mischung, die geriebene Zitronenschale, den Zitronensaft, die gehackte Petersilie und den Senf. Schmecke alles mit Salz und Pfeffer ab und richte es auf einem Teller an.

5. Lege den gebratenen Lachs auf die Zitronen-Quinoa und serviere es. Guten Appetit.

Mediterraner Couscous-Salat

Zubereitungszeit: 20 Minuten
Portionen: 1 Person

Zutaten:

- 70 g Couscous
- 150 ml heiße Gemüsebrühe
- 80 g Hähnchenbrust, in Würfel geschnitten
- 1 TL natives Olivenöl extra
- 50 g Cherrytomaten, halbiert
- 40 g Feta, gewürfelt
- 1 Handvoll frische Petersilie, gehackt
- 1/2 Bio-Zitrone, Saft und Abrieb
- 1 kleine rote Zwiebel, fein gewürfelt
- Salz und Pfeffer nach Geschmack
- 1 Prise Kreuzkümmel
- 20 g Oliven, entsteint und geschnitten

Zubereitung:

1. Gieße den Couscous mit der heißen Gemüsebrühe auf, decke ihn ab und lasse ihn etwa 10 Minuten quellen, bis er die gesamte Flüssigkeit aufgenommen hat. Lockere dann mit einer Gabel die Körner auf.

2. Würze die Hähnchenbrustwürfel mit Salz, Pfeffer und einer Prise Kreuzkümmel. Erhitze dann das Olivenöl in einer Pfanne und brate das Hähnchen darin von allen Seiten goldbraun und durchgegart.

3. Mische den gequollenen Couscous mit den Cherrytomaten, dem Feta, der roten Zwiebel, den Oliven und der frischen Petersilie. Gib die Hähnchenbrustwürfel hinzu.

4. Würze den Salat mit Zitronensaft, Zitronenabrieb, Salz und Pfeffer und vermische alles gut miteinander. Schmecke den Salat abschließend ab und passe die Würze bei Bedarf an.

5. Richte den Salat auf einem Teller an und serviere es. Guten Appetit.

Snacks

Riegel mit Nüssen und Datteln

Zubereitungszeit: 20 Minuten
Portionen: 1 Person

Zutaten:

- 100 g Datteln, entsteint und klein gehackt
- 50 g Mandeln, grob gehackt
- 50 g Walnüsse, grob gehackt
- 20 g Chiasamen
- 1 EL Honig
- 2 EL Kokosöl
- 1 Prise Salz
- 50 g dunkle Schokolade (min. 70% Kakao), klein gehackt
- 2 EL Wasser

Zubereitung:

1. Du beginnst damit, die Datteln in kleine Stücke zu schneiden.

2. Jetzt nimmst du die Mandeln und Walnüsse und hackst sie grob.

3. Die gehackten Nüsse, die Dattelstückchen, und Chiasamen mischst du in einer Schüssel.

4. In einem kleinen Topf erwärmst du das Kokosöl mit dem Honig und dem Wasser, bis alles gut vermengt ist. Dann gießt du die Mischung über die trockenen Zutaten und rührst alles gut um.

5. Nun legst du eine kleine Backform mit Backpapier aus und gibst die Mischung hinein. Drücke sie gut fest und stelle sie für etwa 15 Minuten in den Kühlschrank, damit sie fest wird.

6. Währenddessen kannst du die dunkle Schokolade klein hacken und über einem Wasserbad schmelzen. Gieße die geschmolzene Schokolade über die gekühlte Mischung und stelle sie zurück in den Kühlschrank, bis auch die Schokolade fest geworden ist.

7. Sobald alles fest ist, kannst du deinen Riegel in 4 gleiche Stücke schneiden. Guten Appetit.

Eiweißreiche Müsliriegel

Zubereitungszeit: 20 Minuten
Portionen: 1 Person

Zutaten:

- 100 g Haferflocken
- 30 g Whey Protein Pulver mit Vanillegeschmack
- 1 mittelgroße Banane, zerdrückt
- 50 g Mandelmus
- 30 g gehackte Mandeln
- 20 g Chiasamen
- 30 ml Ahornsirup
- 1 TL Vanilleextrakt
- Eine Prise Salz
- 10 g Kokosöl
- 30 g getrocknete Cranberries

Zubereitung:

1. Heize deinen Ofen auf 180 Grad vor und lege eine kleine Backform mit Backpapier aus.

2. In einer Schüssel vermischt du die Haferflocken, das Proteinpulver, die zerdrückte Banane, Mandelmus, gehackte Mandeln, Chiasamen, Ahornsirup und Vanilleextrakt. Mische alles gut durch, bis alle Zutaten gut vermischt sind.

3. Gib eine Prise Salz dazu und mische noch einmal gut durch.

4. Schmelze das Kokosöl und füge es der Mischung hinzu, rühre erneut gut um, bis alles gut vermischt ist.

5. Gib die Mischung in die vorbereitete Backform und drücke sie fest, sodass eine gleichmäßige Schicht entsteht.

6. Streue die getrockneten Cranberries gleichmäßig darüber und drücke sie leicht in die Mischung.

7. Backe die Mischung für etwa 10-12 Minuten, oder bis die Ränder golden sind.

8. Lass die Mischung vollständig abkühlen, bevor du sie in Riegel schneidest. Guten Appetit.

Joghurt mit Mandeln und Honig

Zubereitungszeit: 10 Minuten
Portionen: 1 Person

Zutaten:

- 150 g Naturjoghurt, gekühlt
- 30 g Mandeln, grob gehackt
- 1 EL Honig, flüssig
- 1 TL Chiasamen
- 1 reife Banane, in Scheiben geschnitten
- 1 TL Zimt, gemahlen
- 5 frische Erdbeeren, gewaschen und halbiert
- 10 g dunkle Schokolade (min. 70% Kakao), gerieben

Zubereitung:

1. Du beginnst damit, die Mandeln in einer Pfanne ohne Fett bei mittlerer Hitze anzurösten, bis sie goldbraun sind und duften. Dann nimmst du sie aus der Pfanne und lässt sie kurz abkühlen.

2. In der Zwischenzeit bereitest du die Früchte vor. Die Bananen in Scheiben und die Erdbeeren in Hälften schneiden.

3. Nun nimmst du eine Schüssel und gibst den Joghurt hinein. Rühre den Honig unter und vermenge alles gut miteinander.

4. Danach fügst du die Mandeln, Chiasamen, Bananenscheiben und Erdbeerhälften hinzu und vermengst alles vorsichtig.

5. Zum Schluss streust du noch den Zimt und die geriebene Schokolade darüber. Guten Appetit.

Apfel mit Erdnussbutter

Zubereitungszeit: 10 Minuten
Portionen: 1 Person

Zutaten:

- 1 mittelgroßer Apfel, gewaschen und in dünne Scheiben geschnitten
- 2 EL Erdnussbutter
- 30 g Haferflocken
- 1 EL Honig

- 15 g dunkle Schokolade (min. 70% Kakao), grob gehackt
- 10 g Walnüsse, grob gehackt
- Eine Prise Salz

Zubereitung:

1. Beginne damit, den Apfel zu waschen und in dünne Scheiben zu schneiden. Entferne die Kerne und das Kerngehäuse.
2. Verteile die Erdnussbutter gleichmäßig auf den Apfelscheiben.
3. In einer kleinen Schüssel mischst du die Haferflocken mit einer Prise Salz.
4. Streue die Haferflockenmischung über die mit Erdnussbutter bestrichenen Apfelscheiben.
5. Verteile die gehackte Schokolade und die Walnüsse gleichmäßig über die Apfelscheiben.
6. Zum Schluss beträufelst du alles mit einem EL Honig. Guten Appetit.

Hüttenkäse mit Beeren

Zubereitungszeit: 10 Minuten
Portionen: 1 Person

Zutaten:

- 150 g Hüttenkäse
- 50 g gemischte Beeren, gewaschen und halbiert
- 1 EL Honig
- 1 EL gehackte Nüsse (z.B. Walnüsse oder Mandeln)
- 1 EL Chiasamen
- 1 Prise Zimt
- 1 TL frischer Bio-Zitronensaft
- 1 EL frische Minze, fein gehackt

Zubereitung:

1. Nimm eine Schüssel zur Hand und gib den Hüttenkäse hinein.

2. Füge die halbierten Beeren hinzu.

3. Träufle den frischen Zitronensaft über die Beeren und den Hüttenkäse.

4. Streue die Chiasamen darüber.

5. Gib nun den Honig und die Prise Zimt dazu und vermische alles sanft miteinander.

6. Als nächstes streue die gehackten Nüsse darüber.

7. Zum Schluss verfeinere dein Gericht mit der frisch gehackten Minze. Guten Appetit.

Proteinchips aus Kichererbsen

Zubereitungszeit: 20 Minuten
Portionen: 1 Person

Zutaten:

- 150 g Kichererbsenmehl
- 1 TL Salz
- 1 TL Pfeffer
- 1 TL Paprikapulver, edelsüß
- 1 EL natives Olivenöl extra
- 120 ml Wasser
- 1 EL Sesamsamen
- 2 EL gehackte Petersilie
- 1 Prise Cayennepfeffer

Zubereitung:

1. Heize deinen Ofen auf 200 Grad vor und lege ein Backblech mit Backpapier aus.

2. In einer mittelgroßen Schüssel vermischt du das Kichererbsenmehl mit Salz, Pfeffer, Paprikapulver und Cayennepfeffer.

3. Füge das Olivenöl und Wasser hinzu und rühre alles gut um, bis ein glatter Teig entsteht. Der Teig sollte nicht zu flüssig sein, also gegebenenfalls etwas mehr Mehl hinzufügen.

4. Streiche den Teig gleichmäßig auf das vorbereitete Backblech. Streue Sesamsamen und die gehackte Petersilie darüber.

5. Backe die Mischung im vorgeheizten Ofen für etwa 10-12 Minuten, oder bis die Ränder golden und knusprig sind. Beobachte die Chips gut, um ein Verbrennen zu vermeiden.

6. Nach dem Backen lass die Chips ein paar Minuten abkühlen, bevor du sie in Stücke brichst. Guten Appetit.

Thunfisch-Cracker

Zubereitungszeit: 25 Minuten
Portionen: 1 Person

Zutaten:

- 100 g Thunfisch aus der Dose, abgetropft und zerkleinert
- 50 g Mandelmehl
- 25 g Leinsamen, geschrotet
- 1 Bio-Eiweiß
- 1 EL natives Olivenöl extra
- 1 TL Backpulver
- 1/2 TL Salz
- 1/2 TL schwarzer Pfeffer, gemahlen
- 1 TL Kräuter der Provence

Zubereitung:

1. Heize deinen Ofen auf 180 Grad vor. In der Zwischenzeit mische den zerkleinerten Thunfisch, das Mandelmehl, die Leinsamen, das Eiweiß, das Olivenöl, das Backpulver, das Salz, den Pfeffer und die Kräuter in einer mittelgroßen Schüssel. Vermische alle Zutaten gut miteinander, bis ein gleichmäßiger Teig entsteht.

2. Lege ein Backblech mit Backpapier aus. Forme mit deinen Händen kleine, flache Cracker aus dem Teig und lege sie auf das vorbereitete Backblech. Achte darauf, dass genug Abstand zwischen den Crackern ist.

3. Backe die Cracker im vorgeheizten Ofen für etwa 15 Minuten oder bis sie goldbraun und knusprig sind. Überprüfe sie während des Backens, um sicherzustellen, dass sie nicht verbrennen.

4. Lass die Cracker nach dem Backen ein paar Minuten auf dem Blech abkühlen. Danach auf einem Kuchengitter vollständig auskühlen lassen. Guten Appetit.

Hummus mit Gemüsesticks

Zubereitungszeit: 15 Minuten
Portionen: 1 Person

Zutaten:

- 150 g Kichererbsen, abgetropft und abgespült
- 1 EL natives Olivenöl extra
- 1 TL Tahini (Sesampaste)
- Saft einer halben Bio-Zitrone
- 1 kleine Knoblauchzehe, geschält und zerdrückt
- Salz nach Geschmack
- 1 EL Wasser, oder nach Bedarf
- 1 Möhre, gewaschen und in Sticks geschnitten
- 1 Gurke, gewaschen und in Sticks geschnitten
- 1 Paprika, gewaschen und in Streifen geschnitten

Zubereitung:

1. Gib die Kichererbsen, das Olivenöl, Tahini, Zitronensaft und den zerdrückten Knoblauch in eine Küchenmaschine oder einen leistungsstarken Mixer.

2. Mixe alles auf hoher Stufe zu einer glatten Masse. Wenn der Hummus zu dick ist, gib Wasser hinzu, bis die gewünschte Konsistenz erreicht ist.

3. Würze den Hummus mit Salz nach deinem Geschmack und mixe nochmal kurz durch.

4. Richte den Hummus in einer kleinen Schüssel an und serviere ihn mit den vorbereiteten Gemüsesticks.

5. Tauche die Gemüsesticks in den Hummus und genieße diesen einfachen Snack für zwischendurch. Guten Appetit.

Schoko-Müsli-Mix

Zubereitungszeit: 10 Minuten
Portionen: 1 Person

Zutaten:

- 50 g Haferflocken
- 30 g Proteinpulver, Schoko-Geschmack
- 20 g Walnüsse, grob gehackt
- 10 g Chiasamen
- 5 g Kakao
- 200 ml Milch oder ungesüßte Mandelmilch, warm
- 1 EL Honig
- 1 TL Kokosöl
- 1 Banane, in Scheiben geschnitten
- 1 Prise Zimt

Zubereitung:

1. In einer Pfanne das Kokosöl erhitzen und die Haferflocken darin kurz anbraten, bis sie leicht golden sind.

2. Das Proteinpulver und den Kakao in die warme Milch einrühren, bis keine Klümpchen mehr vorhanden sind. Dazu kannst du am besten einen Schneebesen verwenden.

3. In einer separaten Schüssel die angebratenen Haferflocken, Walnüsse und Chiasamen vermischen.

4. Nun die Bananenscheiben vorsichtig unter die Müslimischung heben.

5. Über die Mischung die Schokoladen-Protein-Milch gießen.

6. Zum Schluss den Honig darüber träufeln und eine Prise Zimt hinzufügen.

7. Alles gut vermengen und kurz ziehen lassen, damit die Flüssigkeit gut von der Mischung aufgenommen werden kann. Guten Appetit.

Bananen-Protein-Smoothie

Zubereitungszeit: 5 Minuten
Portionen: 1 Person

Zutaten:

- 1 reife Banane, geschält und in Stücke geschnitten
- 30 g Proteinpulver (z.B. Whey), Vanillegeschmack
- 200 ml Mandelmilch, ungesüßt
- 1 EL Honig, flüssig
- 1 EL Erdnussbutter
- 5 Eiswürfel
- 1 Prise Salz
- 1 TL Chiasamen, optional

Zubereitung:

1. Nimm einen Mixer und lege zuerst die Bananenstücke hinein.
2. Gib danach das Proteinpulver hinzu.
3. Füge nun die Mandelmilch, den Honig und die Erdnussbutter hinzu.
4. Stelle sicher, dass der Deckel des Mixers fest verschlossen ist und mixe die Zutaten auf hoher Stufe, bis sie glatt und cremig sind.
5. Füge die Eiswürfel hinzu und mixe erneut, bis der Smoothie schön kühl und schaumig ist.
6. Schmecke den Smoothie mit einer Prise Salz ab und mische alles noch einmal gut durch.
7. Wenn du magst, kannst du jetzt noch Chiasamen unterrühren und kurz warten, bis sie etwas aufgequollen sind.
8. Gieße den fertigen Smoothie in ein großes Glas. Guten Appetit.

Abendessen

Caesar Salad mit Hähnchen

Zubereitungszeit: 20 Minuten
Portionen: 1 Person

Zutaten:

- 150 g Hähnchenbrust, in Streifen geschnitten
- 1 kleiner Römersalat, gewaschen und getrocknet, in Streifen geschnitten
- 1 EL natives Olivenöl extra
- 1 Knoblauchzehe, fein gehackt
- 15 g Parmesan, gerieben
- 1 Vollkornbrötchen, in kleine Würfel geschnitten
- 1 Bio-Ei, hartgekocht und gewürfelt
- Salz und Pfeffer
- 1 EL Balsamicoessig
- 1 TL Senf, scharf
- 1 TL Honig

Zubereitung:

1. Erhitze das Olivenöl in einer Pfanne über mittlerer Hitze. Gib die Hähnchenstreifen dazu, würze sie mit Salz und Pfeffer und brate sie rund 6 Minuten oder bis sie durchgebraten sind. Danach beiseite stellen.

2. In derselben Pfanne füge die Knoblauchzehe hinzu und brate sie, bis sie goldbraun ist. Dann füge die Brotwürfel hinzu und brate sie, bis sie knusprig sind.

3. In einer großen Schüssel mische den Römersalat, die Hähnchenstreifen, die Brotwürfel und das gewürfelte Ei.

4. Für das Dressing mische in einer kleinen Schüssel den Balsamicoessig, den Senf und den Honig. Würze mit Salz und Pfeffer nach Geschmack und rühre gut um, bis alles gut vermischt ist.

5. Gieße das Dressing über den Salat und mische gut, sodass alles gleichmäßig bedeckt ist. Bestreue den Salat zum Schluss mit dem geriebenen Parmesan. Guten Appetit.

Vegane Linsen-Bolognese

Zubereitungszeit: 30 Minuten
Portionen: 1 Person

Zutaten:

- 75 g rote Linsen, gewaschen
- 200 g Tomaten, gewürfelt
- 1 mittelgroße Zwiebel, gewürfelt
- 1 Möhre, geschält und gewürfelt
- 1 Knoblauchzehe, fein gehackt
- 200 ml Gemüsebrühe
- 1 EL natives Olivenöl extra
- 1 TL Oregano, getrocknet
- 1 TL Basilikum, getrocknet
- 1 TL Paprikapulver, edelsüß
- Salz und Pfeffer nach Geschmack
- 75 g Vollkornspaghetti

Zubereitung:

1. Erhitze das Olivenöl in einer Pfanne bei mittlerer Hitze. Füge die Zwiebel und den Knoblauch hinzu und dünste beides, bis es weich und golden ist.

2. Gib die Möhren dazu und lass sie etwa 5 Minuten mitdünsten, bis sie weich sind.

3. Füge die gewaschenen Linsen hinzu und rühre alles gut um.

4. Gib nun die gewürfelten Tomaten, Oregano, Basilikum, Paprikapulver sowie Salz und Pfeffer hinzu. Vermische alles gut miteinander.

5. Füge die Gemüsebrühe hinzu und lass die Mischung aufkochen. Reduziere dann die Hitze und lass die Bolognese etwa 20 Minuten köcheln, bis die Linsen weich sind.

6. In der Zwischenzeit koche die Vollkornspaghetti nach Packungsanweisung in einem separaten Topf.

7. Wenn die Spaghetti fertig sind, gieße das Wasser ab und lege sie in einen tiefen Teller.

8. Sobald die Linsen weich sind, überprüfe die Würzung der Bolognese und würze nach Bedarf nach.

9. Verteile die Linsen-Bolognese über die Spaghetti. Guten Appetit.

Zoodles mit Avocado-Pesto

Zubereitungszeit: 20 Minuten
Portionen: 1 Person

Zutaten:

- 1 mittelgroße Zucchini, gewaschen und in Spiralen geschnitten (Zoodles)
- 1 reife Avocado, halbiert und entkernt
- 1 EL Pinienkerne
- 1 Knoblauchzehe, geschält und gehackt
- 30 g Parmesan, gerieben
- 1 Handvoll frisches Basilikum, gewaschen
- Salz und Pfeffer zum Abschmecken
- 2 EL natives Olivenöl extra
- 1 EL Bio-Zitronensaft
- 150 g Hähnchenbrust, gewürfelt
- 1 EL Kokosöl

Zubereitung:

1. Um das Pesto zuzubereiten, nimm die Avocado, Pinienkerne, Knoblauchzehe, Parmesan, Basilikum, Olivenöl, Zitronensaft, Salz und Pfeffer und gib alles in eine Küchenmaschine. Mixe alles gut durch, bis eine cremige Konsistenz erreicht ist.

2. Erhitze das Kokosöl in einer Pfanne und brate die Hähnchenbrustwürfel von allen Seiten goldbraun an. Würze sie mit Salz und Pfeffer.

3. Während das Hähnchen brät, kannst du die Zoodles vorbereiten. Gib die Zucchinispiralen in die Pfanne und brate sie kurz mit, bis sie etwas weicher sind.

4. Sobald die Zoodles und das Hähnchen fertig sind, mische das Avocado-Pesto unter und lass alles nochmal kurz aufkochen.

5. Zum Schluss auf einen Teller geben und bei Bedarf noch etwas Parmesan darüber streuen. Guten Appetit.

Gebackener Feta mit Gemüse

Zubereitungszeit: 30 Minuten
Portionen: 1 Person

Zutaten:

- 150 g Feta, in Scheiben geschnitten
- 200 g Zucchini, in Scheiben geschnitten
- 200 g Kirschtomaten, halbiert
- 1 rote Paprika, in Streifen geschnitten
- 2 EL natives Olivenöl extra
- 1 TL Oregano
- 1 TL Rosmarin, fein gehackt
- Salz und Pfeffer nach Geschmack
- 1 EL Balsamico-Essig
- 1 EL frische Petersilie, gehackt

Zubereitung:

1. Du solltest zuerst den Ofen auf 200 Grad vorheizen.

2. Lege das geschnittene Gemüse und den Feta in eine Auflaufform.

3. Träufle Olivenöl über das Gemüse und den Feta, würze es mit Oregano, Rosmarin, Salz und Pfeffer.

4. Alles gut vermischen und sicherstellen, dass der Feta und das Gemüse schön mit dem Öl und den Gewürzen überzogen sind.

5. Im vorgeheizten Ofen ungefähr 20 Minuten backen, oder bis der Feta goldbraun und das Gemüse weich ist.

6. Nach dem Backen garniere das Gericht mit einem EL Balsamico-Essig und streue frische Petersilie darüber.

7. Zuletzt überprüfe den Geschmack und füge, wenn nötig, mehr Salz und Pfeffer hinzu. Serviere es warm direkt aus dem Ofen. Guten Appetit.

Lachs-Pizza

Zubereitungszeit: 40 Minuten
Portionen: 1 Person

Zutaten:

- 150 g Pizzateig
- 100 g Lachs, frisch und in dünnen Scheiben geschnitten
- 2 EL Tomatensoße
- 50 g Mozzarella, gerieben
- 50 g Spinat, gewaschen und getrocknet
- 1 kleine rote Zwiebel, dünn geschnitten
- 1 TL natives Olivenöl extra
- 1 TL Oregano, getrocknet
- 1 TL Basilikum, frisch und gehackt
- 1 Prise Meersalz
- 1 Prise Pfeffer

Zubereitung:

1. Heize deinen Ofen auf 220 Grad vor.

2. Rolle den frischen Pizzateig auf einer bemehlten Arbeitsfläche zu einer runden Form aus und lege ihn auf ein mit Backpapier ausgelegtes Backblech.

3. Bestreiche den ausgerollten Teig gleichmäßig mit der Tomatensoße, lasse dabei einen kleinen Rand frei.

4. Verteile den geriebenen Mozzarella gleichmäßig über die Tomatensoße.

5. Belege die Pizza mit den dünnen Lachsscheiben, dem Spinat und den Zwiebelscheiben.

6. Beträufle die Pizza mit dem Olivenöl und würze sie mit Oregano, Meersalz und Pfeffer.

7. Backe die Pizza für etwa 15–20 Minuten im vorgeheizten Ofen, bis der Käse geschmolzen und der Boden knusprig ist.

8. Nachdem du die Pizza aus dem Ofen genommen hast, garniere sie mit dem frischen Basilikum. Guten Appetit.

Eiweiß-Omelett mit Spargel

Zubereitungszeit: 20 Minuten
Portionen: 1 Person

Zutaten:

- 3 frische Bio-Eier, aufgeschlagen und verquirlt
- 150 g grüner Spargel, gewaschen, unteres Drittel geschält und in Stücke geschnitten
- 50 g Cherrytomaten, gewaschen und halbiert
- 30 g Feta, zerkrümelt
- 1 EL natives Olivenöl extra
- 1 Prise Salz
- 1 Prise Pfeffer
- 1 EL frische Kräuter (z.B. Petersilie), gewaschen und gehackt

Zubereitung:

1. Erhitze das Olivenöl in einer beschichteten Pfanne über mittlerer Hitze. Gib den Spargel in die Pfanne und brate ihn etwa 5 Minuten an, bis er etwas weich wird. Rühre gelegentlich um.

2. Füge die Cherrytomaten hinzu und lasse das Gemüse weitere 2-3 Minuten braten.

3. Würze die aufgeschlagenen und verquirlten Eier mit Salz und Pfeffer und gieße sie über das Gemüse in der Pfanne.

4. Verteile den zerkrümelten Feta gleichmäßig über das Omelett und lasse es bei reduzierter Hitze etwa 5 Minuten stocken, bis die Eier durchgegart sind.

5. Streue die frischen Kräuter über das Omelett kurz bevor du es aus der Pfanne nimmst.

6. Falte das Omelett in der Mitte zusammen und serviere es. Guten Appetit.

Süßkartoffel-Spinat-Curry

Zubereitungszeit: 25 Minuten
Portionen: 1 Person

Zutaten:

- 150 g Süßkartoffel, geschält und gewürfelt
- 100 g frischer Spinat, gewaschen und grob gehackt
- 200 ml Kokosmilch, ungesüßt
- 50 g Zwiebel, fein gewürfelt
- 1 EL Kokosöl
- 1 TL Currypulver
- 1/2 TL Kreuzkümmel, gemahlen
- 1/2 TL Koriander, gemahlen
- Salz und Pfeffer nach Geschmack
- 1 EL frischer Bio-Zitronensaft
- 50 g Naturjoghurt
- Frischer Koriander

Zubereitung:

1. Erhitze das Kokosöl in einer Pfanne über mittlerer Hitze. Gib die Zwiebeln hinzu und brate sie, bis sie goldbraun und weich sind.

2. Füge die Süßkartoffelwürfel hinzu und brate sie etwa 5 Minuten mit, bis sie leicht gebräunt sind.

3. Streue das Currypulver, den Kreuzkümmel und den gemahlenen Koriander über die Süßkartoffeln. Rühre alles gut um.

4. Gieße die Kokosmilch dazu und lass das Curry etwa 10 Minuten köcheln, bis die Süßkartoffeln weich sind.

5. Füge nun den frischen Spinat hinzu und lass ihn in der Currymischung zusammenfallen. Schmecke das Curry mit Salz, Pfeffer und Zitronensaft ab.

6. Zum Schluss das Curry mit Naturjoghurt und frischem Koriander garnieren. Guten Appetit.

Couscous-Pfanne

Zubereitungszeit: 25 Minuten
Portionen: 1 Person

Zutaten:

- 100 g Couscous
- 200 ml Gemüsebrühe
- 1 mittelgroße Zwiebel, gewürfelt
- 1 mittelgroße Karotte, in dünne Scheiben geschnitten
- 100 g Brokkoli, in kleine Röschen zerteilt
- 75 g Kichererbsen, abgespült und abgetropft
- 1 EL natives Olivenöl extra
- 1 TL Kreuzkümmel, gemahlen
- 1 TL Paprikapulver, edelsüß
- 1 TL Kurkuma, gemahlen
- Salz und Pfeffer nach Geschmack
- 2 EL frische Petersilie, fein gehackt
- 1 Bio-Limette, halbiert

Zubereitung:

1. Erhitze das Olivenöl in einer Pfanne bei mittlerer Hitze. Gib die gewürfelte Zwiebel hinzu und brate sie, bis sie weich und goldbraun ist.

2. Füge die Karottenscheiben hinzu und brate sie etwa 3 Minuten mit, bis sie leicht weich sind.

3. Streue Kreuzkümmel, Paprikapulver und Kurkuma über das Gemüse und rühre gut um.

4. Füge den Couscous zur Pfanne hinzu und rühre um, sodass der Couscous mit den Gewürzen bedeckt ist.

5. Gieße die heiße Gemüsebrühe darüber und rühre einmal um. Nimm die Pfanne vom Herd und decke sie ab. Lasse den Couscous 5 Minuten quellen, bis er die ganze Flüssigkeit aufgenommen hat.

6. Füge nun die Brokkoliröschen und Kichererbsen hinzu, rühre um und setze den Deckel wieder auf. Lasse alles noch weitere 5 Minuten ziehen, bis der Brokkoli weich ist.

7. Würze mit Salz und Pfeffer nach Geschmack, mische die frische Petersilie unter und drücke den Saft der Limette über die Pfanne. Guten Appetit.

Thunfisch-Steak mit Salat

Zubereitungszeit: 25 Minuten
Portionen: 1 Person

Zutaten:

- 1 Thunfisch-Steak (ca. 200 g), frisch oder aufgetaut
- 1 EL natives Olivenöl extra
- Salz und Pfeffer nach Geschmack
- 100 g gemischter Salat (z.B. Rucola, Spinat), gewaschen und trocken geschleudert
- 1/2 kleine rote Zwiebel, fein geschnitten
- 5 Cocktailtomaten, halbiert
- 1 TL Balsamicoessig
- 1 TL Dijon-Senf
- 50 ml Wasser
- 1 TL Honig
- 1 kleine Knoblauchzehe, fein gehackt

Zubereitung:

1. Du startest, indem du das Steak abspülst, trocken tupfst und mit Salz und Pfeffer würzt. Dann erhitzt du das Olivenöl in einer Pfanne bei mittlerer Hitze.

2. Sobald das Öl heiß ist, legst du das Thunfisch-Steak in die Pfanne und brätst es etwa 1-2 Minuten von jeder Seite, sodass es innen noch schön rosa ist. Dann nimmst du das Steak aus der Pfanne und lässt es kurz ruhen.

3. Während das Steak ruht, bereitest du den Salat zu. In einer Schüssel vermengst du den gemischten Salat mit der roten Zwiebel und den Cocktailtomaten.

4. Du machst dann in einer kleinen Schüssel eine Vinaigrette, indem du Balsamicoessig, Dijon-Senf, Wasser, Honig und den gehackten Knoblauch verrührst, bis alles gut vermischt ist.

5. Die Vinaigrette gibst du dann über den Salat und vermischst alles gut miteinander.

6. Zum Schluss legst du das Steak auf den Salat. Guten Appetit.

Putenbrust mit Brokkoli

Zubereitungszeit: 30 Minuten
Portionen: 1 Person

Zutaten:

- 150 g Putenbrust, in Streifen geschnitten
- 100 g Brokkoli, in Röschen geteilt
- 1 TL natives Olivenöl extra
- 1 Knoblauchzehe, fein gehackt
- 50 ml Brühe (Gemüse- oder Hühnerbrühe)
- 30 g Quinoa, gut gespült und abgetropft
- 1 TL Sojasoße
- 1/2 TL Chiliflocken
- 1/2 Bio-Zitrone, Saft
- Salz und Pfeffer nach Geschmack
- 1 EL gehackte Petersilie

Zubereitung:

1. Heize deinen Ofen auf 200 Grad vor.

2. Würze die Putenbruststreifen mit Salz und Pfeffer. Erhitze das Olivenöl in einer Pfanne und brate die Putenstreifen rundum kurz an, bis sie goldbraun sind. Danach nimm sie aus der Pfanne und lege sie beiseite.

3. In derselben Pfanne füge den gehackten Knoblauch hinzu und dünste ihn kurz an, bis er duftet. Füge dann den Brokkoli hinzu und brate ihn einige Minuten mit.

4. Gib nun die Brühe dazu und lasse den Brokkoli darin ein paar Minuten köcheln, bis er bissfest ist.

5. Währenddessen koche die Quinoa nach Packungsanweisung in einem separaten Topf.

6. Vermische die angebratenen Putenstreifen mit dem Brokkoli in der Pfanne, füge die Sojasoße, Chiliflocken, und Zitronensaft hinzu. Lass alles noch einmal kurz aufkochen.

7. Zum Schluss vermische die gekochte Quinoa mit der Putenbrust-Brokkoli-Mischung in der Pfanne und schmecke alles mit Salz und Pfeffer ab.

8. Bestreue das Gericht mit etwas gehackter Petersilie. Guten Appetit.

Kohlenhydratreiche Rezepte

Vollkornnudeln mit Tomatensauce

Zubereitungszeit: 25 Minuten
Portionen: 1 Person

Zutaten:

- 100 g Vollkornnudeln
- 200 g frische Tomaten, gewürfelt
- 1 EL natives Olivenöl extra
- 1 kleine Zwiebel, gewürfelt
- 1 Knoblauchzehe, fein gehackt
- 1 TL frischer Oregano, gehackt
- 1 TL frischer Basilikum, gehackt
- Salz und Pfeffer nach Geschmack
- 50 g Hähnchenbrust, in Streifen
- 1 TL Parmesan, gerieben
- 100 ml Wasser
- 1 Prise Chiliflocken

Zubereitung:

1. Setze einen Topf mit ausreichend Wasser und einer Prise Salz auf und bringe es zum Kochen. Wenn es kocht, füge die Vollkornnudeln hinzu und koche sie nach Packungsanweisung, bis sie al dente sind.

2. In der Zwischenzeit erhitze das Olivenöl in einer Pfanne über mittlerer Hitze. Füge die Zwiebeln und den Knoblauch hinzu und dünste sie, bis sie weich und goldbraun sind.

3. Füge nun die Hähnchenbruststreifen in die Pfanne und brate sie, bis sie durchgegart und leicht gebräunt sind.

4. Sobald das Hähnchen fertig ist, füge die gewürfelten Tomaten, den Oregano, den Basilikum, das Wasser und die Chiliflocken hinzu. Lass die Sauce für etwa 10 Minuten köcheln, bis sie eingedickt ist. Schmecke mit Salz und Pfeffer ab.

5. Wenn die Nudeln fertig sind, gieße das Wasser ab und füge die Nudeln zur Tomatensauce hinzu. Vermische alles gut miteinander, bis die Nudeln gut mit der Sauce bedeckt sind.

6. Richte die Nudeln auf einem Teller an und streue den Parmesan darüber. Guten Appetit.

Amaranth mit Gemüse und Feta

Zubereitungszeit: 25 Minuten
Portionen: 1 Person

Zutaten:

- 80 g Amaranth, gut gespült und abgetropft
- 100 g Zucchini, gewürfelt
- 80 g frische Champignons, geschnitten
- 50 g Feta, zerbröckelt
- 1 mittelgroße Tomate, gewürfelt
- 1 kleine rote Zwiebel, gewürfelt
- 1 EL natives Olivenöl extra
- 1 TL Oregano, getrocknet
- 1 TL Basilikum, getrocknet
- Salz und Pfeffer nach Geschmack
- 1 EL frischer Bio-Zitronensaft
- 250 ml Gemüsebrühe

Zubereitung:

1. Erhitze das Olivenöl in einer Pfanne und füge die Zwiebel hinzu. Dünste sie, bis sie weich und goldbraun ist.

2. Gib die Champignons dazu und brate sie mit, bis sie ihre Feuchtigkeit verloren haben und leicht gebräunt sind.

3. Füge nun die Zucchini hinzu und brate das Gemüse für weitere 5 Minuten.

4. Während das Gemüse brät, koche den Amaranth. Gib den Amaranth und die Gemüsebrühe in einen Topf. Bring das Ganze zum Kochen, reduziere dann die Hitze und lass es etwa 15 Minuten köcheln, bis der Amaranth weich ist.

5. Wenn der Amaranth gar ist, füge das gebratene Gemüse, die gewürfelten Tomaten, Oregano, Basilikum, Salz und Pfeffer hinzu und verrühre alles gut miteinander.

6. Zum Schluss füge den zerbröckelten Feta und den Zitronensaft hinzu und rühre vorsichtig um, bis alles gut vermischt ist. Guten Appetit.

Süßkartoffelcurry mit Kichererbsen

Zubereitungszeit: 30 Minuten
Portionen: 1 Person

Zutaten:

- 1 mittelgroße Süßkartoffel, geschält und gewürfelt
- 60 g Kichererbsen, abgespült und abgetropft
- 200 ml Kokosmilch, ungesüßt
- 1 mittelgroße Zwiebel, gewürfelt
- 1 Knoblauchzehe, fein gehackt
- 1 EL natives Olivenöl extra
- 1 TL Currypulver
- 1 TL Kreuzkümmel, gemahlen
- 1 TL Paprikapulver, edelsüß
- 1/2 TL Kurkuma, gemahlen
- 150 ml Gemüsebrühe
- Salz und Pfeffer zum Abschmecken
- Frischer Koriander

Zubereitung:

1. Erhitze das Olivenöl in einer Pfanne und dünste die Zwiebel und den Knoblauch darin an, bis sie weich und goldbraun sind.

2. Füge die Gewürze – Currypulver, Kreuzkümmel, Paprikapulver, und Kurkuma hinzu und brate alles kurz mit an.

3. Gib die gewürfelte Süßkartoffel hinzu und vermische alles gut miteinander.

4. Füge die Kichererbsen hinzu und mische erneut, sodass alle Zutaten von den Gewürzen überzogen sind.

5. Gieße die Gemüsebrühe und die Kokosmilch hinzu, rühre um und lasse das Curry bei mittlerer Hitze ca. 20 Minuten köcheln, bis die Süßkartoffel weich ist.

6. Abschmecken mit Salz und Pfeffer und bei Bedarf nachwürzen.

7. Serviere das Curry mit frischem Koriander garniert. Guten Appetit.

Haferflocken mit Apfel und Zimt

Zubereitungszeit: 15 Minuten
Portionen: 1 Person

Zutaten:

- 60 g Haferflocken
- 250 ml Milch oder Hafermilch, ungesüßt
- 1 mittelgroßer Apfel, gewürfelt
- 1 EL Honig
- 1/2 TL Zimt, gemahlen
- 1 Prise Salz
- 15 g Proteinpulver (vorzugsweise mit Vanillegeschmack)
- 1 EL Mandeln, gehackt
- 1 EL Leinsamen

Zubereitung:

1. Nimm einen kleinen Topf und gib die Haferflocken, die Milch, den gewürfelten Apfel und eine Prise Salz hinein. Erwärme alles bei mittlerer Hitze und lass es unter gelegentlichem Rühren etwa 10 Minuten köcheln, bis die Haferflocken weich sind und der Apfel zart ist.

2. Während die Haferflocken köcheln, röste die gehackten Mandeln in einer separaten Pfanne ohne Öl leicht an, bis sie goldbraun sind.

3. Sobald die Haferflocken und der Apfel die gewünschte Konsistenz erreicht haben, nimm den Topf vom Herd. Füge das Proteinpulver, den Zimt und den Honig hinzu. Rühre alles gut um, bis sich die Zutaten vollständig vermischt haben.

4. Fülle die Haferflocken-Mischung in eine Schüssel und bestreue sie mit den gerösteten Mandeln und Leinsamen. Guten Appetit.

Hirse-Pilz-Pfanne

Zubereitungszeit: 25 Minuten
Portionen: 1 Person

Zutaten:

- 100 g Hirse, gut gespült und abgetropft
- 200 g frische Champignons, geputzt und in Scheiben geschnitten
- 1 kleine Zwiebel, gewürfelt
- 1 EL natives Olivenöl extra
- 200 ml Gemüsebrühe
- 1 TL Paprikapulver, edelsüß
- 1 EL frische Petersilie, gehackt
- Salz und Pfeffer nach Geschmack
- 100 g Hüttenkäse
- 1 EL frischer Bio-Zitronensaft

Zubereitung:

1. Zuerst erhitzt du das Olivenöl in einer Pfanne über mittlerer Hitze. Füge die Zwiebelwürfel hinzu und dünste sie an, bis sie weich und goldbraun sind.

2. Gib nun die Champignons in die Pfanne und brate sie mit, bis sie weich sind und ihre Flüssigkeit verloren haben.

3. Füge jetzt die Hirse hinzu und röste sie kurz mit an.

4. Gieße die Gemüsebrühe hinzu und würze das Ganze mit Paprikapulver, Salz und Pfeffer. Reduziere die Hitze und lass die Hirse-Pilz-Mischung für etwa 15 Minuten köcheln, bis die Hirse gar ist und die Flüssigkeit aufgesogen wurde.

5. Während die Hirse köchelt, kannst du die Petersilie hacken.

6. Wenn die Hirse gar ist, hebe die gehackte Petersilie, den Hüttenkäse und den frischen Zitronensaft unter. Schmecke alles nochmals ab. Guten Appetit.

Kartoffel-Lachs-Auflauf

Zubereitungszeit: 35 Minuten
Portionen: 1 Person

Zutaten:

- 200 g Kartoffeln, geschält und in Würfel geschnitten
- 100 g frischer Lachs, gewürfelt
- 100 ml Sahne
- 50 g Mozzarella, gerieben
- 1 kleine Zwiebel, fein gehackt
- 1 EL natives Olivenöl extra
- 1 TL Dijon-Senf
- 1/2 TL Paprikapulver, edelsüß
- 1/2 TL Kräutersalz
- 1/4 TL schwarzer Pfeffer
- Frische Petersilie, fein gehackt
- Frischer Bio-Zitronensaft, zum Beträufeln

Zubereitung:

1. Du beginnst, indem du deinen Backofen auf 200 Grad vorheizt.

2. Als Nächstes kochst du die Kartoffelwürfel in einem Topf mit kochendem Wasser, bis sie weich sind, etwa 15 Minuten.

3. Währenddessen erhitzt du das Olivenöl in einer Pfanne über mittlerer Hitze und dünstest die Zwiebel darin an, bis sie weich und goldbraun ist, etwa 5 Minuten.

4. Nun gibst du den Lachs zu den Zwiebeln und brätst ihn kurz an, bis er gar ist. Dabei kannst du ihn mit etwas Salz, Pfeffer und Paprikapulver würzen.

5. Wenn die Kartoffeln weich sind, gießt du das Wasser ab und mischst die Kartoffelwürfel mit der Sahne, dem Dijon-Senf, Salz und Pfeffer. Du kannst auch einen Teil des Mozzarellas untermischen.

6. Jetzt verteilst du die Kartoffelmischung in einer kleinen Auflaufform und legst den angebratenen Lachs darüber.

7. Streue den restlichen Mozzarella über den Lachs und backe den Auflauf im vorgeheizten Ofen für etwa 15 Minuten oder bis der Käse geschmolzen und leicht goldbraun ist.

8. Zum Schluss garnierst du den Auflauf mit frischer Petersilie und beträufelst ihn mit etwas frischem Zitronensaft. Guten Appetit.

Couscous mit Gemüse und Huhn

Zubereitungszeit: 25 Minuten
Portionen: 1 Person

Zutaten:

- 150 g Hähnchenbrust, in Würfel geschnitten
- 80 g Couscous
- 150 ml heiße Gemüsebrühe
- 1 EL natives Olivenöl extra
- 1/2 Zucchini, gewürfelt
- 1/2 Paprika, rot, gewürfelt
- 1/2 Zwiebel, fein gewürfelt
- 1 kleine Möhre, gewürfelt
- 1 TL Kreuzkümmel, gemahlen
- 1/2 TL Paprikapulver, edelsüß
- Salz und Pfeffer
- 2 EL frische Petersilie, gehackt
- 1 EL Bio-Zitronensaft

Zubereitung:

1. Erhitze das Olivenöl in einer Pfanne und brate die Hähnchenbrustwürfel scharf an, bis sie goldbraun und durchgegart sind. Mit Salz und Pfeffer würzen und aus der Pfanne nehmen.

2. Im verbleibenden Fett die Zwiebeln anschwitzen, bis sie weich sind. Zucchini, Paprika und Möhre hinzugeben und etwa 5 Minuten unter Rühren anbraten.

3. Würze das Gemüse mit Kreuzkümmel, Paprikapulver, Salz und Pfeffer. Rühre gut um und lasse das Ganze kurz köcheln.

4. In der Zwischenzeit den Couscous mit der heißen Gemüsebrühe übergießen und etwa 5 Minuten quellen lassen, bis die ganze Flüssigkeit aufgenommen ist.

5. Füge die Hähnchenbrustwürfel zum Gemüse hinzu und erwärme alles gut.

6. Lockere den Couscous mit einer Gabel auf und mische ihn unter das Gemüse-Hähnchen-Gemisch. Gib Zitronensaft und Petersilie dazu, mische alles gut durch und schmecke es nochmals ab. Guten Appetit.

Spaghetti mit Pesto und Hähnchen

Zubereitungszeit: 20 Minuten
Portionen: 1 Person

Zutaten:

- 100 g Vollkornspaghetti
- 150 g Hähnchenbrust, in Streifen geschnitten
- 1 EL natives Olivenöl extra
- 1 Knoblauchzehe, fein gehackt
- Salz und Pfeffer nach Geschmack
- 2 EL Pesto, fertig aus dem Glas
- 1 Handvoll Cherrytomaten, halbiert
- 1 Handvoll frischer Basilikum, gehackt
- 1 EL geriebener Parmesan
- 50 ml Wasser

Zubereitung:

1. Du beginnst, indem du einen Topf mit ausreichend Wasser aufsetzt. Sobald das Wasser kocht, gibst du die Spaghetti hinzu und kochst sie nach Packungsanweisung.

2. Während die Spaghetti kochen, erhitzt du das Olivenöl in einer Pfanne über mittlerer Hitze. Füge die Hähnchenstreifen hinzu und würze sie mit Salz und Pfeffer. Brate das Hähnchen an, bis es goldbraun und durchgegart ist.

3. Nun gibst du den gehackten Knoblauch zu dem Hähnchen in die Pfanne und dünstest ihn kurz mit.

4. Füge die halbierten Cherrytomaten hinzu und lass alles zusammen für etwa 2-3 Minuten kochen, bis die Tomaten weich sind.

5. Reduziere die Hitze und rühre das Pesto unter. Lass das Ganze auf niedriger Hitze köcheln, während du die Spaghetti abgießt.

6. Füge die Spaghetti zur Hähnchen-Pesto-Mischung hinzu und mische alles gut durch, bis die Spaghetti gleichmäßig mit dem Pesto überzogen sind.

7. Zum Schluss gibst du den frischen Basilikum und den geriebenen Parmesan darüber und verrührst alles nochmals gut.

8. Serviere deine Spaghetti mit ein paar frischen Basilikumblättern und vielleicht noch ein wenig mehr Parmesan, wenn du möchtest.

Risotto mit Pilzen und Spinat

Zubereitungszeit: 25 Minuten
Portionen: 1 Person

Zutaten:

- 50 g Risotto-Reis, gewaschen
- 150 g frische Pilze, gesäubert und geschnitten (z.B. Champignons oder Steinpilze)
- 50 g frischer Spinat, gewaschen und grob gehackt
- 1 kleine Zwiebel, gewürfelt
- 1 Knoblauchzehe, fein gehackt
- 250 ml Gemüsebrühe
- 2 EL Parmesan, gerieben
- 1 EL natives Olivenöl extra
- Salz und Pfeffer nach Geschmack

Zubereitung:

1. Erhitze das Olivenöl in einer Pfanne über mittlerer Hitze. Füge die Zwiebel und den Knoblauch hinzu und brate sie, bis sie weich sind, aber nicht braun.

2. Gib die Pilze dazu und lasse sie etwa 5 Minuten mitbraten, bis sie weich sind.

3. Jetzt kommt der Risottoreis dazu. Rühre gut um, sodass der Reis das Öl und die Aromen der Pilze, Zwiebel und des Knoblauchs aufnehmen kann.

4. Sobald der Reis glasig aussieht, beginne langsam, die Gemüsebrühe hinzuzufügen. Gieße immer etwa 50 ml Brühe dazu und warte, bis der Reis diese aufgenommen hat, bevor du mehr hinzufügst. Rühre ständig um.

5. Wenn der Reis fast gar ist, füge den frischen Spinat hinzu. Koche alles gemeinsam, bis der Spinat zusammengefallen und der Reis weich, aber noch bissfest ist.

6. Zum Schluss schmecke das Risotto mit Salz und Pfeffer ab und rühre den geriebenen Parmesan unter. Guten Appetit.

Linsen-Dal

Zubereitungszeit: 30 Minuten
Portionen: 1 Person

Zutaten:

- 70 g Basmatireis, gewaschen
- 100 g rote Linsen, gewaschen
- 1 Zwiebel, gewürfelt
- 1 Knoblauchzehe, fein gehackt
- 1 TL frischer Ingwer, fein gehackt
- 400 ml Gemüsebrühe
- 200 ml Kokosmilch, ungesüßt
- 1 EL Tomatenmark
- 1 TL Kurkuma
- 1 TL Garam Masala
- 1/2 TL Kreuzkümmel, gemahlen
- 1/2 TL Koriander, gemahlen
- 1 TL Rapsöl
- Salz und Pfeffer
- Frische Petersilie, gehackt

Zubereitung:

1. Koche den Reis gemäß den Anweisungen auf der Verpackung.

2. Erhitze währenddessen das Rapsöl in einem Topf und füge die gewürfelte Zwiebel hinzu. Dünste sie, bis sie weich und goldbraun ist.

3. Füge nun den gehackten Knoblauch und Ingwer hinzu und lasse sie kurz mit der Zwiebel anbraten.

4. Gib das Tomatenmark und alle Gewürze in den Topf. Mische alles gut durch und lasse es kurz anrösten.

5. Füge jetzt die gewaschenen Linsen, die Gemüsebrühe und die Kokosmilch hinzu. Bringe alles zum Kochen und lasse es dann auf mittlerer Hitze etwa 20 Minuten köcheln, bis die Linsen weich sind.

6. Überprüfe, ob die Linsen gar sind, und würze das Dal mit Salz und Pfeffer. Wenn es zu dickflüssig ist, kannst du noch etwas Wasser hinzufügen.

7. Serviere das Linsen-Dal mit dem gekochten Reis und garniere es mit frischer Petersilie. Guten Appetit.

Low Carb

Zucchini-Lasagne

Zubereitungszeit: 30 Minuten
Portionen: 1 Person

Zutaten:

- 1 mittelgroße Zucchini, in dünne Scheiben geschnitten
- 100 g Rinderhackfleisch
- 50 g Ricotta
- 50 g geriebener Mozzarella
- 100 ml passierte Tomaten
- 1 TL natives Olivenöl extra
- 1 kleine Zwiebel, fein gehackt
- 1 kleine Knoblauchzehe, fein gehackt
- Salz und Pfeffer, nach Geschmack
- 1 TL getrockneter Oregano
- Frische Basilikumblätter

Zubereitung:

1. Den Ofen auf 200 Grad vorheizen. In der Zwischenzeit die Zucchinischeiben auf Küchenpapier legen und leicht salzen, um überschüssiges Wasser zu entfernen.

2. In einer Pfanne das Olivenöl erhitzen und die Zwiebel und den Knoblauch darin anbraten, bis sie weich und goldbraun sind. Das Rinderhackfleisch hinzufügen, mit Salz und Pfeffer würzen und braten, bis es schön krümelig und gebräunt ist.

3. Die passierten Tomaten und den Oregano zum Hackfleisch geben und alles gut verrühren. Die Sauce auf mittlerer Hitze köcheln lassen, bis sie eingedickt ist.

4. Eine kleine Auflaufform mit einer Schicht der Zucchinischeiben auslegen. Ein paar Löffel der Hackfleischsauce darüber verteilen, gefolgt von einem Klecks Ricotta und einer Prise geriebenem Mozzarella. Den Vorgang wiederholen, bis alle Zutaten verbraucht sind, und mit einer Schicht Mozzarella abschließen.

5. Die Lasagne in den vorgeheizten Ofen schieben und etwa 20 Minuten backen, oder bis der Käse goldbraun ist. Vor dem Servieren mit frischen Basilikumblättern garnieren. Guten Appetit.

Auberginen-Pizza

Zubereitungszeit: 25 Minuten
Portionen: 1 Person

Zutaten:

- 1 kleine Aubergine, in dünne Scheiben geschnitten
- 100 g Hähnchenbrust, gewürfelt
- 50 g Mozzarella, gerieben
- 50 ml Tomatensoße
- 1 EL natives Olivenöl extra
- 1 TL italienische Kräuter
- 1 kleine Tomate, in Scheiben geschnitten
- 1 TL Oregano
- Salz und Pfeffer nach Geschmack

Zubereitung:

1. Heize deinen Ofen auf 220 Grad vor.

2. Lege die Auberginenscheiben auf ein mit Backpapier ausgelegtes Backblech. Bestreiche jede Scheibe leicht mit Olivenöl und würze sie mit Salz und Pfeffer. Backe die Scheiben im vorgeheizten Ofen für etwa 10 Minuten.

3. In der Zwischenzeit kannst du die Hähnchenbrustwürfel in einer Pfanne mit etwas Olivenöl anbraten, bis sie durchgegart sind.

4. Gib danach die italienischen Kräuter und etwas Salz und Pfeffer hinzu und lass das Hähnchen kurz weiterbraten.

5. Wenn die Auberginenscheiben fertig sind, nimm das Blech aus dem Ofen und verteile die Tomatensoße gleichmäßig auf den Scheiben.

6. Belege jede Auberginenscheibe mit den Hähnchenwürfeln, Tomatenscheiben und streue den geriebenen Mozzarella darüber.

7. Bestreue alles mit Oregano und backe die Pizza weitere 10-15 Minuten im Ofen, bis der Käse geschmolzen und leicht goldbraun ist.

8. Nimm die Pizza aus dem Ofen und lass sie kurz abkühlen. Guten Appetit.

Blumenkohl-Risotto

Zubereitungszeit: 25 Minuten
Portionen: 1 Person

Zutaten:

- 200 g Blumenkohl, gewaschen und in kleine Röschen zerteilt
- 150 ml Gemüsebrühe
- 50 g Parmesan, frisch gerieben
- 1 EL natives Olivenöl extra
- 1 kleine Zwiebel, fein gewürfelt
- 1 TL frischer Thymian, fein gehackt
- 1 EL frische Petersilie, fein gehackt
- Salz und Pfeffer, nach Geschmack
- 100 g Hähnchenbrust, gewürfelt und gekocht

Zubereitung:

1. Setze einen Topf auf mittlere Hitze und gib das Olivenöl hinein. Sobald das Öl heiß ist, füge die Zwiebeln hinzu und brate sie goldbraun an.

2. Gib die Blumenkohlröschen zum Topf dazu und lass sie ein paar Minuten mit den Zwiebeln braten, bis sie leicht gebräunt sind.

3. Füge nun die Gemüsebrühe hinzu. Lass das Ganze etwa 10-15 Minuten köcheln, bis der Blumenkohl weich ist, aber noch etwas Biss hat.

4. Während der Blumenkohl köchelt, kannst du den Parmesan reiben und die Kräuter hacken. Stelle sie beiseite.

5. Wenn der Blumenkohl die richtige Konsistenz erreicht hat, füge die gekochten Hähnchenbrustwürfeln hinzu und lass alles noch einmal aufkochen.

6. Zum Schluss gib den frisch geriebenen Parmesan und die gehackten Kräuter dazu. Rühre alles gut um, und würze mit Salz und Pfeffer nach Geschmack. Guten Appetit.

Spaghettikürbis mit Tomatensauce

Zubereitungszeit: 35 Minuten
Portionen: 1 Person

Zutaten:

- 1 kleiner Spaghettikürbis, halbiert und entkernt
- 200 g gemischtes Hackfleisch (z.B. Rind- und Schweinefleisch)
- 200 ml passierte Tomaten
- 1 kleine Zwiebel, gewürfelt
- 1 kleine Karotte, gewürfelt
- 1 Knoblauchzehe, fein gehackt
- 1 EL natives Olivenöl extra
- 1 TL Oregano, getrocknet
- 1 TL Basilikum, getrocknet
- 1 Prise Chiliflocken (oder nach Geschmack)
- Salz und Pfeffer nach Geschmack
- Frisches Basilikum
- 30 g Parmesan, gerieben

Zubereitung:

1. Heize deinen Ofen auf 200 Grad vor. Lege die Kürbishälften mit der Schnittseite nach unten auf ein Backblech und backe sie etwa 25 Minuten, bis sie weich sind.

2. Während der Kürbis backt, erhitzt du das Olivenöl in einer Pfanne über mittlerer Hitze. Füge die Zwiebeln, Karotten und den Knoblauch hinzu und brate sie, bis sie weich und goldbraun sind.

3. Gib das Hackfleisch in die Pfanne und brate es an, bis es krümelig und braun ist. Würze mit Oregano, Basilikum, Chiliflocken, Salz und Pfeffer.

4. Füge die passierten Tomaten hinzu, verrühre alles gut und lasse die Sauce etwa 10 Minuten köcheln.

5. Wenn der Kürbis fertig ist, kratze mit einer Gabel das Fruchtfleisch heraus, so dass es wie Spaghetti aussieht. Mische das Kürbisfleisch unter die Sauce.

6. Richte den Spaghettikürbis mit der Tomatensauce auf einem Teller an, garniere mit frischem Basilikum und streue den Parmesan darüber. Guten Appetit.

Brokkoli-Käse-Suppe

Zubereitungszeit: 20 Minuten
Portionen: 1 Person

Zutaten:

- 200 g frischen Brokkoli, gewaschen und in Röschen geschnitten
- 50 g Cheddar-Käse, gerieben
- 200 ml Gemüsebrühe
- 50 ml Sahne
- 1 kleine Zwiebel, gewürfelt
- 1 TL natives Olivenöl extra
- Salz und Pfeffer nach Geschmack
- 1 Prise Muskatnuss
- 30 g Proteinpulver (neutraler Geschmack), optional
- 1 EL frische Petersilie, gehackt

Zubereitung:

1. Erhitze das Olivenöl in einem Topf über mittlerer Hitze. Füge die gewürfelte Zwiebel hinzu und dünste sie, bis sie weich und goldbraun ist, etwa 5 Minuten.

2. Füge den Brokkoli und die Gemüsebrühe hinzu. Lass es köcheln, bis der Brokkoli weich ist, etwa 10 Minuten.

3. Nimm den Topf vom Herd und püriere die Suppe mit einem Stabmixer, bis sie glatt ist. Wenn du magst, kannst du ein paar Brokkoli-Stücke ganz lassen.

4. Stelle den Topf zurück auf den Herd, reduziere die Hitze auf niedrig und rühre den geriebenen Cheddar-Käse ein, bis er geschmolzen ist.

5. Rühre die Sahne ein und würze die Suppe mit Salz, Pfeffer und einer Prise Muskatnuss. Wenn du möchtest, kannst du jetzt das Proteinpulver einrühren.

6. Lass die Suppe noch für 5 Minuten auf niedriger Hitze ziehen.

7. Garniere die Suppe zum Schluss mit frischer Petersilie. Guten Appetit.

Avocado-Thunfisch-Salat

Zubereitungszeit: 15 Minuten
Portionen: 1 Person

Zutaten:

- 1 reife Avocado, gewürfelt
- 100 g Thunfisch aus der Dose, gut abgetropft
- 1 kleine rote Zwiebel, fein gewürfelt
- 50 g Kirschtomaten, halbiert
- 20 g Rucola, gewaschen und grob gehackt
- 1 EL natives Olivenöl extra
- 1 TL Dijon-Senf
- 1 TL Bio-Zitronensaft
- Salz und Pfeffer zum Abschmecken

Zubereitung:

1. Schäle die Avocado, entkerne sie und schneide sie in kleine Würfel. Stelle sicher, dass der Thunfisch gut abgetropft ist, um überschüssige Flüssigkeit zu entfernen.

2. Vermenge in einer kleinen Schüssel den Dijon-Senf, Olivenöl, und Zitronensaft. Rühre das Dressing gut um, sodass sich alle Zutaten gut vermischen.

3. In einer mittelgroßen Schüssel vermische die Avocado-Würfel, den abgetropften Thunfisch, die gewürfelte rote Zwiebel, die halbierten Kirschtomaten und den grob gehackten Rucola.

4. Gieße das vorbereitete Dressing über den Salat und mische alles gut durch, bis alle Zutaten gleichmäßig mit dem Dressing überzogen sind.

5. Schmecke den Salat mit Salz und Pfeffer. Guten Appetit.

Rindfleisch-Zucchini-Pfanne

Zubereitungszeit: 20 Minuten
Portionen: 1 Person

Zutaten:

- 150 g Rindfleisch, in Streifen geschnitten
- 1 mittelgroße Zucchini, gewürfelt
- 1 kleine Zwiebel, gewürfelt
- 1 Knoblauchzehe, fein gehackt
- 100 ml Gemüsebrühe
- 2 EL natives Olivenöl extra
- 1 TL Paprikapulver, edelsüß
- 1 TL Rosmarin, fein gehackt
- Salz und Pfeffer nach Geschmack
- 1 EL frischer Bio-Zitronensaft
- 2 EL Parmesan, gerieben

Zubereitung:

1. Erhitze das Olivenöl in einer Pfanne über mittlerer Hitze.

2. Gib die Zwiebeln und den Knoblauch hinzu und dünste sie, bis sie weich und goldbraun sind.

3. Füge die Rindfleischstreifen hinzu und brate sie an, bis sie schön gebräunt sind, würze sie mit Salz, Pfeffer, Paprikapulver und Rosmarin.

4. Sobald das Rindfleisch gut angebraten ist, gib die gewürfelte Zucchini dazu und brate diese für weitere 5 Minuten mit.

5. Gieße die Gemüsebrühe in die Pfanne und lasse alles für ca. 10 Minuten bei niedriger Hitze köcheln, bis die Zucchini weich ist und die Flüssigkeit reduziert ist.

6. Verteile den Zitronensaft über die Pfanne und bestreue das Gericht mit dem geriebenen Parmesan, bevor du es servierst. Guten Appetit.

Lachs mit Spargel

Zubereitungszeit: 20 Minuten
Portionen: 1 Person

Zutaten:

- 150 g Lachsfilet, frisch und gehäutet
- 100 g grüner Spargel, gewaschen und Enden entfernt
- 1 EL natives Olivenöl extra
- 1 TL Bio-Zitronensaft, frisch gepresst
- 1 Prise Meersalz
- 1 Prise Pfeffer, frisch gemahlen
- 1 TL frischer Dill, fein gehackt
- 50 g Quinoa, gut gespült und abgetropft
- 100 ml Gemüsebrühe
- 50 g Cherrytomaten, halbiert

Zubereitung:

1. Heize deinen Ofen auf 200 Grad vor. Lege ein Backblech mit Backpapier aus.

2. Lege das Lachsfilet in die Mitte des Backblechs. Den Spargel und die Cherrytomaten um den Lachs herum verteilen.

3. Träufle Olivenöl und Zitronensaft über den Lachs und das Gemüse. Würze mit Meersalz, Pfeffer und streue den frischen Dill darüber.

4. Backe alles im vorgeheizten Ofen für etwa 12–15 Minuten, oder bis der Lachs gar und der Spargel bissfest ist.

5. Während der Lachs und der Spargel im Ofen sind, koche die Quinoa. Gib Quinoa und Gemüsebrühe in einen Topf und bringe es zum Kochen. Reduziere dann die Hitze und lasse es köcheln, bis die Quinoa die Flüssigkeit aufgenommen hat und weich ist, etwa 15 Minuten.

6. Wenn alles fertig ist, verteile die Quinoa auf einem Teller, lege den gebackenen Lachs, Spargel und die Tomaten darauf. Guten Appetit.

Mediterraner Rosenkohl-Salat

Zubereitungszeit: 20 Minuten
Portionen: 1 Person

Zutaten:

- 200 g Rosenkohl, geputzt und halbiert
- 100 g Cocktailtomaten, halbiert
- 1 kleine rote Zwiebel, fein gewürfelt
- 50 g Feta, gewürfelt
- 15 g Pinienkerne, geröstet
- 2 EL natives Olivenöl extra
- 1 EL Balsamico Essig
- 1 TL Dijon Senf
- 1 kleine Knoblauchzehe, gepresst
- Salz und Pfeffer nach Geschmack
- 1 Handvoll frische Basilikumblätter, grob gehackt
- 1 EL Bio-Zitronensaft, frisch gepresst

Zubereitung:

1. Den Rosenkohl in einem Topf mit kochendem Salzwasser etwa 7-8 Minuten garen, bis er weich, aber noch bissfest ist. Dann abgießen und kurz unter kaltem Wasser abschrecken.

2. Während der Rosenkohl kocht, in einer kleinen Pfanne die Pinienkerne ohne Öl goldbraun rösten und beiseite stellen.

3. Die Cocktailtomaten und die rote Zwiebel halbieren bzw. würfeln und in eine große Schüssel geben.

4. Für das Dressing das Olivenöl, Balsamico Essig, Dijon Senf, gepressten Knoblauch, Salz und Pfeffer in einer kleinen Schüssel vermengen und abschmecken.

5. Den abgekühlten Rosenkohl, die gerösteten Pinienkerne und das Dressing zu den Tomaten und Zwiebeln in die Schüssel geben und gut vermengen.

6. Zum Schluss den Feta und die Basilikumblätter darüber geben und leicht unterheben. Mit Zitronensaft, Salz und Pfeffer abschmecken. Guten Appetit.

Gebratener Tofu mit Blumenkohlreis

Zubereitungszeit: 20 Minuten
Portionen: 1 Person

Zutaten:

- 150 g Tofu, in Würfel geschnitten
- 200 g Blumenkohl, gewaschen und in Röschen geteilt
- 1 EL Sojasauce
- 1 TL Sesamöl
- 1 Frühlingszwiebel, in Ringe geschnitten
- 1/2 rote Paprika, in Streifen geschnitten
- 1 kleine Karotte, in dünne Scheiben geschnitten
- 1 TL Rapsöl
- 1/2 TL Chiliflocken
- Salz und Pfeffer nach Geschmack
- Frischer Koriander
- 1 EL Sesamsamen

Zubereitung:

1. Erhitze das Rapsöl in einer Pfanne über mittlerer Hitze. Füge den Tofu hinzu und brate ihn, bis er goldbraun und knusprig ist. Währenddessen den Blumenkohl in einen Mixer geben und zu Reis verarbeiten.

2. Sobald der Tofu knusprig ist, lege ihn beiseite. In derselben Pfanne die Frühlingszwiebel, Paprika und Karotte etwa 3 Minuten anbraten, bis sie weich, aber noch bissfest sind.

3. Nun den Blumenkohlreis in die Pfanne geben und alles gut vermengen. Mit Sojasauce, Sesamöl, Chiliflocken, Salz und Pfeffer würzen und weitere 5 Minuten braten, bis der Blumenkohl weich ist, aber noch etwas Biss hat.

4. Zum Schluss den gebratenen Tofu unterheben und alles noch einmal kurz erhitzen. Danach auf einem Teller anrichten und mit frischem Koriander sowie Sesamsamen garnieren. Guten Appetit.

Vegetarisch

Bunte Gemüsequiche

Zubereitungszeit: 35 Minuten
Portionen: 1 Person

Zutaten:

- 1 frischer Quicheteig (aus dem Kühlregal)
- 1 mittelgroße Zucchini, gewaschen und in Scheiben geschnitten
- 1 rote Paprika, gewaschen und in Streifen geschnitten
- 50 g Cherrytomaten, gewaschen und halbiert
- 50 g frischer Spinat, gewaschen
- 50 g Feta-Käse, zerbröckelt
- 3 Bio-Eier
- 100 ml Milch
- 1 EL natives Olivenöl extra
- Salz und Pfeffer zum Abschmecken
- 1 TL getrockneter Oregano
- 1 TL getrockneter Thymian

Zubereitung:

1. Heize deinen Ofen auf 200 Grad vor. Rolle den Quicheteig aus und lege eine Quicheform damit aus, stich mit einer Gabel mehrmals in den Boden des Teigs.

2. Erhitze das Olivenöl in einer Pfanne und füge die Zucchinischeiben und Paprikastreifen hinzu. Brate das Gemüse etwa 5 Minuten an, bis es leicht weich ist.

3. Verteile das angebratene Gemüse gleichmäßig auf dem Quicheteig. Füge die Cherrytomaten und den frischen Spinat hinzu.

4. In einer Schüssel schlage die Eier auf und vermenge sie mit der Milch. Würze die Mischung mit Salz, Pfeffer, Oregano, und Thymian. Gieße die Eier-Milch-Mischung über das Gemüse in der Quicheform.

5. Zerbröckle den Feta-Käse und verteile ihn über der Quiche.

6. Backe die Quiche im vorgeheizten Ofen für etwa 20-25 Minuten oder bis die Eier gestockt sind und der Teig goldbraun ist.

7. Nimm die Quiche aus dem Ofen und lass sie ein paar Minuten ruhen. Guten Appetit.

Vegetarischer Linseneintopf

Zubereitungszeit: 30 Minuten
Portionen: 1 Person

Zutaten:

- 70 g grüne Linsen, gewaschen und abgetropft
- 1 mittelgroße Karotte, gewürfelt
- 1 mittelgroße Zwiebel, gewürfelt
- 1 kleiner Lauch, in Ringe geschnitten
- 2 EL natives Olivenöl extra
- 400 ml Gemüsebrühe
- 1 kleine Kartoffel, gewürfelt
- 1 TL Kreuzkümmel, gemahlen
- 1 TL Paprikapulver, edelsüß
- Salz und Pfeffer nach Geschmack
- 1 Handvoll frischer Spinat, gewaschen
- 1 EL Bio-Zitronensaft
- 2 EL Naturjoghurt
- 1 EL frischer Koriander, gehackt

Zubereitung:

1. Erhitze das Olivenöl in einem Topf und füge die Zwiebeln, Karotten und den Lauch hinzu. Dünste das Gemüse bei mittlerer Hitze an, bis es weich ist.

2. Gib die Linsen, die Kartoffeln, den Kreuzkümmel und das Paprikapulver in den Topf. Vermenge alles gut miteinander und lass es kurz anschwitzen.

3. Gieße die Gemüsebrühe dazu und bringe den Eintopf zum Kochen. Reduziere die Hitze und lass ihn etwa 20 Minuten köcheln, bis die Linsen und Kartoffeln weich sind.

4. Füge den Spinat und den Zitronensaft zum Eintopf hinzu und lass den Spinat zusammenfallen.

5. Schmecke den Eintopf mit Salz und Pfeffer ab und serviere ihn mit einem Klecks Naturjoghurt und etwas frisch gehacktem Koriander. Guten Appetit.

Käsespätzle mit Röstzwiebeln

Zubereitungszeit: 25 Minuten
Portionen: 1 Person

Zutaten:

- 100 g Spätzle
- 1 mittelgroße Zwiebel, in dünne Scheiben geschnitten
- 1 EL natives Olivenöl extra
- 50 g geriebener Emmentaler oder Gruyère
- 30 g Magerquark
- 100 ml Gemüsebrühe
- 1 TL gehackte Petersilie
- Salz und Pfeffer nach Geschmack
- 1 EL geröstete Kürbiskerne

Zubereitung:

1. Setze einen Topf mit ausreichend Wasser und etwas Salz auf und bringe das Wasser zum Kochen. Füge die Spätzle hinzu und koche sie nach Packungsanleitung, bis sie al dente sind. Siebe die Spätzle ab und stelle sie beiseite.

2. In einer Pfanne das Olivenöl erhitzen und die Zwiebelscheiben darin anbraten, bis sie goldbraun und knusprig sind. Dies dauert in der Regel etwa 5-7 Minuten. Nimm die Röstzwiebeln aus der Pfanne und lege sie auf ein Küchenpapier, damit das überschüssige Öl aufgesaugt wird.

3. In derselben Pfanne, in der du die Zwiebeln gebraten hast, gib die gekochten Spätzle, die Gemüsebrühe und den Käse hinzu. Rühre um, bis der Käse geschmolzen und die Spätzle gut mit der Soße vermengt sind. Wenn die Mischung zu trocken ist, kannst du ein wenig mehr Brühe hinzufügen.

4. Nimm die Pfanne vom Herd und rühre den Magerquark unter die Spätzle. Würze mit Salz und Pfeffer nach Geschmack. Mische die gerösteten Zwiebeln unter die Spätzle oder lege sie obendrauf. Streue die gehackte Petersilie und die gerösteten Kürbiskerne darüber. Guten Appetit.

Spinat-Käse-Quiche

Zubereitungszeit: 35 Minuten
Portionen: 1 Person

Zutaten:

- 100 g frischer Spinat, gewaschen und grob gehackt
- 2 Bio-Eier
- 75 ml Milch
- 50 g Feta-Käse, zerbröckelt
- 50 g geriebener Cheddar-Käse
- 1 fertiger Mürbeteig
- 1 kleine Zwiebel, gewürfelt
- 1 EL natives Olivenöl extra
- 1/2 TL Salz
- 1/2 TL Pfeffer
- 1 TL Muskatnuss, gerieben

Zubereitung:

1. Den Backofen auf 180 Grad vorheizen. Den Mürbeteig in eine kleine, runde Backform (ca. 16 cm Durchmesser) legen und mit einer Gabel mehrmals einstechen.

2. In einer Pfanne das Olivenöl erhitzen und die Zwiebel darin anschwitzen, bis sie weich und goldbraun ist. Dann den Spinat dazugeben und kurz mitdünsten, bis er zusammengefallen ist. Dieses Gemisch aus der Pfanne nehmen und beiseitestellen.

3. In einer Schüssel die Eier mit der Milch verquirlen. Feta und Cheddar dazugeben und mit Salz, Pfeffer und Muskatnuss würzen.

4. Die Spinat-Zwiebel-Mischung unter die Eier-Milch-Mischung rühren und alles in die mit dem Teig ausgelegte Form geben.

5. Die Quiche im vorgeheizten Backofen für etwa 20-25 Minuten backen, bis sie fest und golden ist.

6. Die Quiche aus dem Ofen nehmen und kurz abkühlen lassen. Guten Appetit.

Griechischer Salat mit Feta

Zubereitungszeit: 15 Minuten
Portionen: 1 Person

Zutaten:

- 100 g Feta, gewürfelt
- 1 reife Tomate, gewürfelt
- 1/2 Gurke, gewürfelt
- 1/2 rote Zwiebel, fein geschnitten
- 1/2 grüne Paprika, gewürfelt
- 50 g schwarze Oliven, entsteint
- 2 EL natives Olivenöl extra
- 1 EL Balsamico-Essig
- 1 TL Oregano
- Salz und Pfeffer nach Geschmack
- 2 EL frische Petersilie, gehackt
- 30 g Vollkornbrot, in Würfel geschnitten
- 1 EL natives Olivenöl extra zum Anbraten des Brots
- 1 Prise Chiliflocken, optional

Zubereitung:

1. Nimm eine Pfanne und erhitze 1 EL Olivenöl. Gib die Vollkornbrotwürfel hinzu und brate sie goldbraun und knusprig. Lass sie danach auf einem Papiertuch abtropfen.

2. In einer großen Schüssel vermische Tomaten, Gurke, Zwiebel, Paprika, Oliven und Feta miteinander.

3. Bereite das Dressing vor, indem du Olivenöl, Balsamico-Essig, Oregano, Salz und Pfeffer in einer kleinen Schüssel vermengst.

4. Gieße das Dressing über den Salat und mische alles gut durch, sodass das Gemüse und der Feta gut mit dem Dressing bedeckt sind.

5. Füge die gerösteten Brotwürfel hinzu, garniere den Salat mit frischer Petersilie und gib nach Wunsch eine Prise Chiliflocken darüber. Guten Appetit.

Gebackene Süßkartoffel mit Avocado

Zubereitungszeit: 35 Minuten
Portionen: 1 Person

Zutaten:

- 1 mittelgroße Süßkartoffel, gewaschen
- 1 reife Avocado, halbiert und entkernt
- 1 EL natives Olivenöl extra
- 1 TL Chiliflocken
- 1 TL Bio-Zitronensaft
- 30 g Quinoa, gut gespült und abgetropft
- 1 kleine rote Zwiebel, fein gewürfelt
- 50 g Kirschtomaten, halbiert
- 30 g Feta, zerkrümelt
- 1 Handvoll frischer Koriander, gehackt
- Salz und Pfeffer nach Geschmack

Zubereitung:

1. Heize den Backofen auf 200 Grad vor. Stich die Süßkartoffel mehrmals mit einer Gabel ein und lege sie dann auf ein Backblech. Backe die Süßkartoffel für etwa 25-30 Minuten oder bis sie weich ist.

2. Während die Süßkartoffel backt, koche die Quinoa nach Packungsanweisung.

3. Erhitze 1 EL Olivenöl in einer Pfanne über mittlerer Hitze. Füge die rote Zwiebel hinzu und brate sie, bis sie weich und goldbraun ist. Füge die halbierten Kirschtomaten hinzu und brate sie kurz mit.

4. Nimm die Süßkartoffel aus dem Ofen, wenn sie fertig ist, und lasse sie ein wenig abkühlen. Schneide sie dann der Länge nach auf und lockere das Innere mit einer Gabel auf.

5. Mische die Quinoa, die Zwiebel-Tomaten-Mischung, den zerkrümelten Feta und den gehackten Koriander in einer Schüssel. Würze mit Salz, Pfeffer, Chiliflocken und Zitronensaft nach Geschmack.

6. Fülle die Süßkartoffel mit der Quinoa-Mischung. Löffel das Avocado-Fruchtfleisch aus und lege es auf die gefüllte Süßkartoffel. Guten Appetit.

Vegetarische Pasta Alfredo

Zubereitungszeit: 20 Minuten
Portionen: 1 Person

Zutaten:

- 100 g Vollkornspaghetti
- 150 ml Sahne
- 30 g Parmesan, gerieben
- 1 EL natives Olivenöl extra
- 1 kleine Zwiebel, gewürfelt
- 1 TL Knoblauch, gehackt
- Salz und Pfeffer nach Geschmack
- 1 Prise Muskatnuss, gerieben
- 50 g Blattspinat, gewaschen und gehackt
- 50 g Brokkoli, in kleine Röschen geschnitten
- 1 EL Petersilie, fein gehackt

Zubereitung:

1. Setze einen Topf mit Wasser auf und koche die Pasta nach Packungsanleitung, aber vorsichtig, sie sollte al dente sein.

2. Während die Pasta kocht, erhitze das Olivenöl in einer Pfanne über mittlerer Hitze. Füge die Zwiebeln hinzu und brate sie an, bis sie weich und goldbraun sind. Gib den Knoblauch dazu und brate ihn kurz mit an.

3. Gieße die Sahne in die Pfanne und lasse sie ein paar Minuten köcheln, bis sie ein wenig eindickt. Würze die Sauce mit Salz, Pfeffer und einer Prise Muskatnuss.

4. Füge den Parmesan hinzu und rühre, bis er geschmolzen und die Sauce schön cremig ist.

5. Gib den Spinat und den Brokkoli zur Sauce und lasse alles kurz zusammen köcheln, bis das Gemüse gar, aber noch bissfest ist.

6. Schütte die Pasta ab und behalte dabei ein wenig Kochwasser. Vermenge die Pasta mit der Sauce und füge nach Bedarf etwas Kochwasser hinzu, um die gewünschte Konsistenz zu erreichen.

7. Schmecke ein letztes Mal ab und serviere die Pasta mit etwas frisch gehackter Petersilie. Guten Appetit.

Gemüse-Curry mit Kokosmilch

Zubereitungszeit: 30 Minuten
Portionen: 1 Person

Zutaten:

- 100 g Brokkoli, in kleine Röschen geschnitten
- 80 g Karotten, geschält und in Scheiben geschnitten
- 80 g Zucchini, in Würfel geschnitten
- 70 g frische Champignons, geviertelt
- 1 kleine Zwiebel, gewürfelt
- 200 ml Kokosmilch, ungesüßt
- 150 ml Gemüsebrühe
- 1 EL Rapsöl
- 1 TL Currypulver
- 1/2 TL Kurkuma
- 1/2 TL Ingwerpulver
- Salz und Pfeffer nach Geschmack
- Frischer Koriander
- 30 g Quinoa, gut gespült und abgetropft

Zubereitung:

1. Quinoa nach Packungsanleitung in einem Topf kochen.

2. In einer Pfanne das Rapsöl erhitzen und die Zwiebel darin anbraten, bis sie weich und goldbraun ist.

3. Karotten hinzufügen und einige Minuten mitanbraten, da sie länger zum Garen brauchen.

4. Brokkoli, Zucchini und Champignons in die Pfanne geben und kurz mitbraten.

5. Currypulver, Kurkuma und Ingwerpulver über das Gemüse streuen und gut umrühren, bis alles Gemüse mit den Gewürzen bedeckt ist.

6. Mit der Gemüsebrühe ablöschen und zum Kochen bringen.

7. Kokosmilch hinzufügen und alles auf niedriger Flamme köcheln lassen, bis das Gemüse weich ist, etwa 10-15 Minuten.

8. Mit Salz und Pfeffer abschmecken und das fertige Quinoa unterrühren.

9. Zum Schluss mit frischem Koriander garnieren. Guten Appetit.

Auberginen-Röllchen mit Ricotta

Zubereitungszeit: 30 Minuten
Portionen: 1 Person

Zutaten:

- 1 mittelgroße Aubergine, in dünne Scheiben geschnitten
- 100 g Ricotta
- 1 Bio-Ei, verquirlt
- 30 g frisch geriebener Parmesan
- 20 g Pinienkerne, geröstet
- 1 EL natives Olivenöl extra
- 1 TL getrockneter Oregano
- Salz und Pfeffer zum Abschmecken
- 50 ml Tomatensauce
- 1 TL frisch gehackter Basilikum
- 1 TL frisch gehackte Petersilie

Zubereitung:

1. Heize deinen Ofen auf 200 Grad vor.

2. Pinsel die Auberginenscheiben auf beiden Seiten mit Olivenöl ein und würze sie mit Salz, Pfeffer und Oregano.

3. Lege die Auberginenscheiben auf ein Backblech und backe sie 10-15 Minuten, bis sie weich sind. Nimm sie dann aus dem Ofen und lass sie kurz abkühlen.

4. Während die Auberginen im Ofen sind, vermische in einer Schüssel Ricotta, Parmesan, Ei, Pinienkerne, Basilikum und Petersilie. Würze die Mischung nach Geschmack mit Salz und Pfeffer.

5. Verteile die Ricotta-Mischung gleichmäßig auf die Auberginenscheiben. Rolle die Scheiben auf und lege sie mit der Nahtseite nach unten in eine Auflaufform.

6. Gieße die Tomatensauce über die Röllchen und backe sie weitere 15 Minuten, oder bis sie heiß und goldbraun sind.

7. Nimm die Auflaufform aus dem Ofen und lasse die Röllchen kurz ruhen. Guten Appetit.

Kichererbsensalat mit Avocado

Zubereitungszeit: 20 Minuten
Portionen: 1 Person

Zutaten:

- 100 g Kichererbsen, abgetropft
- 1 reife Avocado, gewürfelt
- 1 kleine rote Zwiebel, fein
  gewürfelt
- 10 Kirschtomaten, halbiert
- 50 g Babyspinat, gewaschen
- 1 EL natives Olivenöl extra
- 2 EL Bio-Zitronensaft, frisch
  gepresst
- 1 TL Senf
- Salz und Pfeffer nach Geschmack
- 2 EL frische Petersilie, gehackt
- 30 g Feta, zerbröckelt
- 1 TL Chiasamen

Zubereitung:

1. Schäle und würfle die Avocado, halbiere die Kirschtomaten und würfle die rote Zwiebel fein.

2. In einer großen Schüssel vermengst du Kichererbsen, Avocado, Zwiebel, Kirschtomaten und Babyspinat sorgfältig miteinander.

3. Für das Dressing verrührst du Olivenöl, Zitronensaft und Senf in einer kleinen Schale. Würze das Dressing mit Salz und Pfeffer nach deinem Geschmack.

4. Gib das Dressing über den Salat und vermische alles gut miteinander.

5. Zum Schluss streue die Petersilie, den zerbröckelten Feta und die Chiasamen über den Salat. Guten Appetit.

Fischgerichte

Lachsfilet mit Zitronen-Kräuter-Kruste

Zubereitungszeit: 30 Minuten
Portionen: 1 Person

Zutaten:

- 150 g Lachsfilet, frisch und Haut entfernt
- 1 EL natives Olivenöl extra
- 1 kleine Bio-Zitrone, gewaschen und in dünne Scheiben geschnitten
- 1 TL frische Kräuter (z.B. Dill, Petersilie), fein gehackt
- 1 EL milder Senf
- 1 EL Vollkorn-Semmelbrösel
- Salz und Pfeffer
- 1 TL Honig
- 100 g Brokkoli, gewaschen und in kleine Röschen geschnitten
- 50 g Quinoa, gut gespült und abgetropft

Zubereitung:

1. Den Ofen auf 200 Grad vorheizen. Quinoa nach Packungsanleitung zubereiten.
2. Währenddessen das Lachsfilet mit Salz und Pfeffer würzen und mit einem EL Olivenöl einreiben.
3. Senf, Honig, gehackte Kräuter und Vollkorn-Semmelbrösel in einer kleinen Schüssel vermengen. Die Mischung gleichmäßig auf der Oberseite des Lachsfilets verteilen und leicht andrücken.
4. Eine kleine Auflaufform mit den Zitronenscheiben auslegen. Den Lachs darauflegen.
5. Brokkoli in einem Topf mit kochendem Wasser etwa 5 Minuten blanchieren, abgießen und mit dem Quinoa mischen.
6. Den Lachs im Ofen etwa 12–15 Minuten backen, oder bis die Kruste goldbraun und der Fisch gerade durchgegart ist.
7. Den Lachs mit dem Quinoa und dem Brokkoli servieren. Guten Appetit.

Garnelen-Spaghetti Aglio e Olio

Zubereitungszeit: 20 Minuten
Portionen: 1 Person

Zutaten:

- 100 g Vollkornspaghetti
- 100 g frische Garnelen, entdarmt und geschält
- 2 EL natives Olivenöl extra
- 2 frische Knoblauchzehen, gehackt
- 1 TL Chiliflocken (oder nach Geschmack)
- Salz und Pfeffer nach Geschmack
- Frische Petersilie, gehackt
- 1 EL Bio-frischer Zitronensaft

Zubereitung:

1. Koche die Vollkornspaghetti gemäß den Anweisungen auf der Packung in reichlich gesalzenem Wasser, bis sie al dente sind, und behalte dabei eine Tasse Kochwasser zurück.

2. Während die Spaghetti kochen, erhitzt du in einer großen Pfanne das Olivenöl über mittlerer Hitze. Füge den gehackten Knoblauch hinzu und dünste ihn, bis er goldbraun ist und duftet, aber pass auf, dass er nicht verbrennt.

3. Füge die Garnelen zur Pfanne hinzu und brate sie auf jeder Seite etwa 2 Minuten lang oder bis sie rosa und durchgegart sind. Würze sie mit Salz, Pfeffer und den Chiliflocken.

4. Sobald die Garnelen gar sind, reduziere die Hitze auf niedrig und füge die gekochten Spaghetti, etwas vom Kochwasser und den Zitronensaft hinzu. Vermische alles gut miteinander und lasse es ein paar Minuten köcheln, damit die Spaghetti.

5. Richte die Spaghetti mit den Garnelen auf einem Teller an und garniere das Gericht mit der frischen, gehackten Petersilie.

6. Schmecke nochmal ab und füge bei Bedarf mehr Salz, Pfeffer oder Zitronensaft hinzu. Guten Appetit.

Gebratene Forelle mit Mandelmus

Zubereitungszeit: 30 Minuten
Portionen: 1 Person

Zutaten:

- 1 kleine Forelle, ausgenommen und gereinigt
- 2 EL Mandelmus
- 1 EL natives Olivenöl extra
- 1/2 Bio-Zitrone, gepresst
- 1 TL Petersilie, gehackt
- 1/2 TL Paprikapulver, edelsüß
- Salz und Pfeffer
- 150 g Gemüsemischung (gewürfelt, z.B. Brokkoli, Karotten, Paprika)
- 100 g Quinoa, gut gespült und abgetropft
- 200 ml Wasser

Zubereitung:

1. Setze zuerst das Wasser im Topf auf und koche die Quinoa nach Packungsanleitung. Würze sie nach Geschmack mit etwas Salz.

2. Während die Quinoa kocht, die Forelle mit Salz, Pfeffer und Paprikapulver würzen.

3. In einer Pfanne das Olivenöl erhitzen. Die Forelle auf mittlerer Hitze von beiden Seiten etwa 5-6 Minuten braten, bis sie gar ist.

4. Das Gemüse in einer separaten Pfanne mit etwas Öl etwa 5-7 Minuten anbraten, bis es bissfest ist.

5. Die gebratene Forelle auf einen Teller legen, das Mandelmus darüber verteilen und mit Zitronensaft beträufeln.

6. Die Quinoa und das Gemüse daneben anrichten und alles mit Petersilie bestreuen. Guten Appetit.

Fisch-Tacos mit Avocado

Zubereitungszeit: 20 Minuten
Portionen: 1 Person

Zutaten:

- 150 g Weißfisch (z.B. Kabeljau), frisch und in Streifen geschnitten
- 1 reife Avocado, geschält und in Scheiben geschnitten
- 3 kleine Vollkorn Tortillas
- 50 g Naturjoghurt
- 1 Bio-Limette, Saft und Abrieb
- 1 kleine Tomate, gewürfelt
- 1 kleine Zwiebel, fein gewürfelt
- 1 TL natives Olivenöl extra
- 1 TL Kreuzkümmel, gemahlen
- Salz und Pfeffer nach Geschmack
- Frischer Koriander, gehackt
- 50 g Feta, zerbröselt

Zubereitung:

1. Erhitze das Olivenöl in einer Pfanne bei mittlerer Hitze. Füge den Fisch hinzu, würze mit Kreuzkümmel, Salz, und Pfeffer, und brate ihn, bis er gar ist und eine goldene Farbe hat, etwa 3–4 Minuten pro Seite.

2. Während der Fisch brät, bereite den Joghurt vor. Mische Joghurt mit Limettensaft, Limettenabrieb, Salz und Pfeffer. Dies wird die Soße für die Tacos sein.

3. Röste die Tortillas leicht in einer separaten, trockenen Pfanne auf jeder Seite, bis sie warm und leicht gebräunt sind.

4. Zum Zusammenbauen verteile die Avocadoscheiben, Tomaten- und Zwiebelwürfel auf den Tortillas. Lege den gebratenen Fisch darüber, gib etwas Joghurtsoße darüber und garniere mit frischem Koriander und zerbröseltem Feta.

5. Rolle die Tacos zusammen. Guten Appetit.

Thunfisch-Poke-Bowl

Zubereitungszeit: 25 Minuten
Portionen: 1 Person

Zutaten:

- 150 g Thunfisch, in Würfel geschnitten
- 100 g Quinoa, gut gespült und abgetropft
- 1 kleine Avocado, in Scheiben geschnitten
- 50 g Edamame, geschält und gekocht
- 1 kleine Karotte, in feine Streifen geschnitten
- 1 Frühlingszwiebel, fein geschnitten
- 1 EL helle Sojasoße
- 1 TL Sesamöl
- 1 TL Honig
- 1 TL Sesamsamen, geröstet
- 1/2 TL Chili-Flocken
- 1 Bio-Limette, in Vierteln
- Salz und Pfeffer nach Geschmack

Zubereitung:

1. Koche die Quinoa nach Packungsanleitung und lasse sie abkühlen.
2. Vermische in einer kleinen Schale Sojasoße, Sesamöl, und Honig miteinander. Gib etwas Salz und Pfeffer dazu, wenn du magst. Das ist deine Marinade.
3. Lege den Thunfisch in die Marinade und lass ihn für etwa 10 Minuten ziehen, damit er den Geschmack aufnehmen kann.
4. In der Zwischenzeit kannst du die Avocado und Karotte vorbereiten und die Edamame abkochen.
5. Gib nun Quinoa, Thunfisch, Avocado, Edamame und Karotte in eine Schüssel.
6. Garniere die Bowl mit Frühlingszwiebeln, Sesamsamen, und Chili-Flocken.
7. Drücke etwas Limettensaft über deine Bowl und gib die restlichen Limettenviertel dazu. Guten Appetit.

Seelachs mit Dill-Sahne-Sauce

Zubereitungszeit: 20 Minuten
Portionen: 1 Person

Zutaten:

- 150 g Seelachsfilet, gewaschen und getrocknet
- 1 EL natives Olivenöl extra
- 1 Schalotte, fein gewürfelt
- 1 TL Dijon-Senf
- 50 ml Sahne
- 10 g frischer Dill, gehackt
- Salz und Pfeffer
- 100 g Quinoa, gekocht
- 100 g Brokkoli, gewaschen und in Röschen geteilt
- 50 ml Wasser
- 1/2 Bio-Zitrone, in Scheiben geschnitten

Zubereitung:

1. Erhitze das Olivenöl in einer Pfanne über mittlerer Hitze. Gib die Seelachsfilets hinein und brate sie etwa 2-3 Minuten auf jeder Seite oder bis sie goldbraun und durchgegart sind. Nimm die Filets aus der Pfanne und lege sie beiseite.

2. In derselben Pfanne die gewürfelte Schalotte hinzufügen und andünsten, bis sie weich ist. Den Dijon-Senf, die Sahne und den gehackten Dill einrühren. Mit Salz und Pfeffer würzen und kurz aufkochen lassen.

3. Währenddessen den Brokkoli in einem separaten Topf mit Wasser etwa 5 Minuten dünsten, bis er weich, aber noch bissfest ist.

4. Die gekochte Quinoa auf einem Teller anrichten, den Seelachs darauflegen und den Brokkoli daneben legen. Die Dill-Sahne-Sauce über den Fisch gießen und mit Zitronenscheiben garnieren. Guten Appetit.

Kabeljau mit Tomaten-Oliven-Relish

Zubereitungszeit: 30 Minuten
Portionen: 1 Person

Zutaten:

- 150 g Kabeljau
- 100 g Kirschtomaten, halbiert
- 30 g schwarze Oliven, entkernt und gehackt
- 1 kleine Schalotte, fein gewürfelt
- 1 EL natives Olivenöl extra
- 1 TL Balsamicoessig
- Salz und Pfeffer
- 1 TL frischer Oregano, gehackt
- 1 TL frische Petersilie, gehackt
- 1 Knoblauchzehe, fein gehackt
- 100 g Blattspinat, gewaschen
- 1 EL Bio-Zitronensaft

Zubereitung:

1. Erhitze zunächst eine Pfanne auf mittlerer Stufe und gib einen halben EL Olivenöl hinein. Wenn das Öl heiß ist, brate den Kabeljau von jeder Seite etwa 3-4 Minuten an, bis er goldbraun und durchgegart ist. Würze den Fisch mit Salz, Pfeffer und einem Spritzer Zitronensaft.

2. In der Zwischenzeit kannst du das Tomaten-Oliven-Relish vorbereiten. Vermische die halbierten Kirschtomaten, gehackten Oliven, gewürfelte Schalotte, frischen Oregano, Petersilie und den Balsamicoessig in einer Schüssel. Schmecke das Relish mit Salz und Pfeffer ab.

3. In einer weiteren Pfanne gibst du den restlichen halben EL Olivenöl und den gehackten Knoblauch hinein. Dünste den Knoblauch kurz an und gib dann den Spinat dazu. Lass den Spinat zusammenfallen und würze ihn mit Salz und Pfeffer.

4. Nun kannst du alles anrichten. Lege den gebratenen Spinat auf einen Teller, lege den gebratenen Kabeljau darauf und gib das Tomaten-Oliven-Relish über den Fisch. Zum Schluss beträufle das Gericht mit einem Spritzer Zitronensaft. Guten Appetit.

Fischcurry mit Kokosmilch

Zubereitungszeit: 30 Minuten
Portionen: 1 Person

Zutaten:

- 150 g Weißfisch (zum Beispiel Kabeljau), in Würfel geschnitten
- 200 ml Kokosmilch, ungesüßt
- 1 kleine Zwiebel, fein gehackt
- 1 Knoblauchzehe, fein gehackt
- 1 EL Kokosöl
- 1 EL Currypulver
- 1/2 TL Kurkuma
- 1 kleine Tomate, gewürfelt
- 1 Handvoll Spinat, gewaschen
- 1/2 TL Salz
- Frischer Koriander
- 1/2 Bio-Limette, zum Beträufeln

Zubereitung:

1. In einer Pfanne das Kokosöl erhitzen. Sobald das Öl heiß ist, füge die gehackte Zwiebel und den Knoblauch hinzu. Brate beides bei mittlerer Hitze, bis sie weich und goldbraun sind, etwa 3-4 Minuten.

2. Nun füge das Currypulver und das Kurkuma hinzu. Rühre gut um, sodass Zwiebel und Knoblauch schön mit den Gewürzen überzogen sind. Lass es etwa 1 Minute köcheln.

3. Füge nun die Fischwürfel in die Pfanne und brate sie leicht an, bis sie auf jeder Seite goldbraun sind, etwa 2-3 Minuten pro Seite.

4. Gib die gewürfelte Tomate in die Pfanne und koche sie ein wenig mit dem Fisch mit, bis sie weich wird, etwa 2-3 Minuten.

5. Füge die Kokosmilch hinzu und lass alles zusammen auf kleiner Flamme etwa 10 Minuten köcheln, damit der Fisch gar wird.

6. Zum Schluss den Spinat unterrühren und nur so lange köcheln lassen, bis er zusammenfällt, etwa 1-2 Minuten. Mit Salz abschmecken und bei Bedarf noch etwas nachwürzen.

7. Garniere das Curry mit einem Spritzer Limettensaft und frischem Koriander. Guten Appetit.

Zitronen-Thymian-Seebarsch

Zubereitungszeit: 30 Minuten
Portionen: 1 Person

Zutaten:

- 150 g Seebarschfilet, frisch und entgrätet
- 1 Bio-Zitrone, in Scheiben geschnitten
- 2 EL natives Olivenöl extra
- 1 TL Thymian, frisch und fein gehackt
- 1 Knoblauchzehe, fein gewürfelt
- Salz und Pfeffer nach Geschmack
- 100 g grüner Spargel, Enden abgeschnitten und in Stücke geschnitten
- 75 g Quinoa, gut gespült und abgetropft
- 250 ml Gemüsebrühe

Zubereitung:

1. Heize deinen Backofen auf 180 Grad vor.

2. Lege das Seebarschfilet auf ein Backblech und beträufle es mit einem EL Olivenöl. Würze es mit Salz, Pfeffer und dem fein gehackten Thymian. Lege die Zitronenscheiben darauf.

3. Gib den Fisch in den Ofen und backe ihn etwa 15 Minuten oder bis er leicht zerfällt, wenn du es mit einer Gabel einstichst.

4. Während der Fisch gart, erhitzt du einen TL Olivenöl in einer Pfanne über mittlerer Hitze. Füge den Knoblauch und den Spargel hinzu. Brate alles für ca. 5-7 Minuten an, bis der Spargel weich ist, aber noch Biss hat.

5. In der Zwischenzeit koche die Quinoa in der Gemüsebrühe nach Packungsanweisung.

6. Wenn die Quinoa gar ist, mische den Spargel unter die Quinoa.

7. Lege die Quinoa-Spargel-Mischung auf einen Teller und lege den gebackenen Seebarsch darauf. Guten Appetit.

Forelle mit Kräuterbutter und Salat

Zubereitungszeit: 30 Minuten
Portionen: 1 Person

Zutaten:

- 1 frische Forelle (ca. 300 g), ausgenommen und gesäubert
- 50 g Kräuterbutter, in Scheiben
- 100 g gemischter Salat (z.B. Rucola, Spinat), gewaschen und getrocknet
- 1 EL natives Olivenöl extra
- 1 Bio-Zitrone, in Scheiben
- 1 Knoblauchzehe, fein gehackt
- Salz und Pfeffer
- 1 EL Petersilie, fein gehackt
- 50 g Quinoa, gekocht
- 2 EL Balsamico-Essig

Zubereitung:

1. Heize deinen Ofen auf 180 Grad vor. Würze die Forelle innen und außen mit Salz und Pfeffer. Lege ein paar Scheiben Zitrone und etwas Kräuterbutter in die Bauchhöhle der Forelle.

2. Leg die Forelle auf ein mit Backpapier ausgelegtes Backblech und tröpfle etwas Olivenöl darüber. Gib die Forelle für etwa 15-20 Minuten in den Ofen, bis sie gar ist.

3. Während die Forelle im Ofen ist, mische den Salat mit dem gekochten Quinoa, dem Balsamico-Essig, Olivenöl, gehacktem Knoblauch und der gehackten Petersilie. Würze den Salat mit Salz und Pfeffer nach Geschmack.

4. Wenn die Forelle gar ist, serviere sie mit dem vorbereiteten Salat und den restlichen Scheiben Kräuterbutter. Gib nach Wunsch noch etwas Zitrone darüber. Guten Appetit.

Geflügelgerichte

Hähnchenbrust mit Zitronen-Knoblauch-Sauce

Zubereitungszeit: 30 Minuten
Portionen: 1 Person

Zutaten:

- 150 g Hähnchenbrust, in Streifen geschnitten
- 1 TL natives Olivenöl extra
- 1 Knoblauchzehe, fein gehackt
- Saft einer halben Bio-Zitrone
- 50 ml Hühnerbrühe
- 1 EL Sahne
- 1 TL Petersilie, frisch gehackt
- Salz und Pfeffer nach Geschmack
- 100 g Brokkoli, in kleine Röschen geschnitten
- 50 g Quinoa, gut gespült und abgetropft
- 100 ml Wasser

Zubereitung:

1. Erhitze eine Pfanne über mittlerer Hitze und füge das Olivenöl hinzu. Brate die Hähnchenbruststreifen darin an, bis sie schön golden und durchgebraten sind. Nimm das Fleisch aus der Pfanne und lege es beiseite.

2. Gib den Knoblauch in die Pfanne und brate ihn kurz an. Gib dann den Zitronensaft und die Hühnerbrühe hinzu und lass alles kurz aufkochen. Reduziere die Hitze und gib die Sahne dazu. Würze die Sauce mit Salz und Pfeffer und lass sie ein wenig einköcheln.

3. In der Zwischenzeit koche den Brokkoli in einem kleinen Topf mit kochendem Wasser, bis er weich, aber noch bissfest ist. Koche in einem weiteren Topf die Quinoa in 100 ml Wasser nach Packungsanweisung.

4. Füge das angebratene Hähnchen zur Sauce hinzu und lass alles zusammen noch ein paar Minuten köcheln, bis das Hähnchen schön saftig und die Sauce etwas eingedickt ist.

5. Vermenge zum Schluss die gekochte Quinoa, den Brokkoli, und die Petersilie in einer Schüssel, würze nach Bedarf mit Salz und Pfeffer und serviere es zusammen mit dem Hähnchen und der Sauce. Guten Appetit.

Putenschnitzel mit Pilzsauce

Zubereitungszeit: 25 Minuten
Portionen: 1 Person

Zutaten:

- 150 g Putenschnitzel, flach geklopft
- 100 g gemischte frische Pilze (z.B. Champignons, Pfifferlinge), gesäubert und in Scheiben geschnitten
- 1 kleine Zwiebel, fein gewürfelt
- 1 EL natives Olivenöl extra
- 50 ml Hühnerbrühe
- 50 ml Sahne
- 1 TL Dijonsenf
- 1 EL Petersilie, gehackt
- Salz und Pfeffer nach Geschmack

Zubereitung:

1. Heize deinen Ofen auf 180 Grad vor.

2. Erhitze das Olivenöl in einer Pfanne und brate das Putenschnitzel 2-3 Minuten von jeder Seite an, bis es goldbraun und durchgebraten ist. Anschließend lege das Schnitzel in eine Auflaufform und stelle es warm.

3. In derselben Pfanne gibst du die gewürfelte Zwiebel hinzu und dünstest diese, bis sie weich und goldfarben ist. Dann füge die Pilze hinzu und brate alles gemeinsam, bis die Pilze weich sind.

4. Nun gießt du die Hühnerbrühe und die Sahne dazu. Lasse die Sauce einige Minuten köcheln, bis sie leicht eingedickt ist. Rühre den Dijonsenf unter und schmecke mit Salz und Pfeffer ab.

5. Gieße die fertige Pilzsauce über das Putenschnitzel in der Auflaufform und bestreue alles mit der gehackten Petersilie.

6. Lasse das Ganze im Ofen für etwa 10 Minuten durchziehen.

7. Nimm das Putenschnitzel aus dem Ofen und serviere es. Guten Appetit.

Knusprige Entenbrust mit Orange

Zubereitungszeit: 30 Minuten
Portionen: 1 Person

Zutaten:

- 1 Entenbrustfilet, Haut ein-geritzt
- 1 Bio-Orange, geschält und in Scheiben geschnitten
- 50 g Quinoa, gut gespült und abgetropft
- 100 ml Hühnerbrühe
- 1 TL natives Olivenöl extra
- 1 EL Sojasauce
- 1 TL Honig
- 1 Knoblauchzehe, fein ge-hackt
- 1 TL Ingwer, frisch gerieben
- 1 Handvoll frischer Spinat, gewaschen
- Salz und Pfeffer nach Ge-schmack

Zubereitung:

1. Erhitze deinen Ofen auf 180 Grad.

2. Würze die Entenbrust mit Salz und Pfeffer. Erhitze das Olivenöl in einer ofenfesten Pfanne bei mittlerer Hitze und brate die Entenbrust auf der Hautseite etwa 5 Minuten an, bis sie knusprig ist.

3. Wende die Entenbrust und gib die Pfanne in den vorgeheizten Ofen. Lass sie dort für etwa 10–15 Minuten garen.

4. In der Zwischenzeit koche die Quinoa nach Packungsanweisung in der Hühnerbrühe, bis sie gar ist.

5. Mische in einer kleinen Schüssel Sojasauce, Honig, gehackten Knoblauch und geriebenen Ingwer zu einer Sauce.

6. Nimm die Pfanne aus dem Ofen und lasse die Entenbrust kurz ruhen. Tranchiere sie dann in Scheiben.

7. Richte die Quinoa auf einem Teller an, lege die Entenscheiben darauf und garniere das Gericht mit den Orangenscheiben und dem frischen Spinat. Beträufle alles mit der Sojasauce-Mischung. Guten Appetit.

Putengeschnetzeltes mit Reis

Zubereitungszeit: 30 Minuten
Portionen: 1 Person

Zutaten:

- 150 g Putenbrust, in Streifen geschnitten
- 75 g Basmatireis, gewaschen
- 1 kleine Zwiebel, fein gewürfelt
- 1 kleine Karotte, gewürfelt
- 1 EL Sojasauce
- 1 TL natives Olivenöl extra
- 1 Prise Pfeffer
- 1 Prise Salz
- 100 ml Gemüsebrühe
- 1 EL gehackte Petersilie
- 1/2 Paprika, gewürfelt

Zubereitung:

1. Erhitze das Olivenöl in einer Pfanne bei mittlerer Hitze. Gib die Zwiebel dazu und brate sie, bis sie goldbraun ist.

2. Füge die Putenstreifen hinzu und brate sie kurz an, bis sie nicht mehr rosa sind.

3. Gib die Karotte und Paprika dazu und lass alles für etwa 5 Minuten braten.

4. In der Zwischenzeit koche den Reis nach Packungsanweisung.

5. Würze das Fleisch und Gemüse mit Salz und Pfeffer. Gib die Sojasauce und die Gemüsebrühe hinzu. Lass das Ganze für etwa 10 Minuten köcheln, bis das Gemüse weich ist und die Soße eingedickt ist.

6. Mische den gekochten Reis unter das Putengeschnetzelte und lass alles nochmal 2 Minuten köcheln.

7. Bestreue das Gericht mit der gehackten Petersilie. Guten Appetit.

Gefüllte Pute mit Spinat und Feta

Zubereitungszeit: 40 Minuten
Portionen: 1 Person

Zutaten:

- 1 Putenbrust (ca. 200 g), flach geklopft
- 100 g frischer Spinat, gewaschen und gehackt
- 50 g Feta, zerkrümelt
- 1 kleine Zwiebel, fein gewürfelt
- 1 EL natives Olivenöl extra
- 1 TL Dijon-Senf
- 1 Prise Salz
- 1 Prise Pfeffer
- 1 EL Bio-Zitronensaft
- 50 ml Hühnerbrühe
- 1 EL Petersilie, fein gehackt

Zubereitung:

1. Heize deinen Backofen auf 180 Grad vor.

2. In einer Pfanne das Olivenöl erhitzen und die Zwiebeln darin glasig dünsten. Den gehackten Spinat hinzufügen und so lange dünsten, bis er zusammengefallen ist. Vom Herd nehmen und etwas abkühlen lassen.

3. Den Feta, den Senf, Salz, Pfeffer und den Zitronensaft zur Spinatmischung geben und gut vermengen.

4. Die Putenbrust salzen und pfeffern, dann die Füllung darauf verteilen, dabei einen kleinen Rand frei lassen. Die Putenbrust vorsichtig aufrollen und mit Küchengarn binden.

5. Die gefüllte Putenbrust in eine kleine Auflaufform setzen, die Hühnerbrühe angießen und im vorgeheizten Ofen ca. 20 Minuten garen, bis die Pute durch ist.

6. Zum Schluss das Küchengarn entfernen und die Putenbrust in Scheiben schneiden. Mit frischer Petersilie garnieren. Guten Appetit.

Mediterrane Hähnchenpfanne

Zubereitungszeit: 30 Minuten
Portionen: 1 Person

Zutaten:

- 150 g Hähnchenbrust, in Würfel geschnitten
- 100 g Kirschtomaten, halbiert
- 50 g Zucchini, in dünne Scheiben geschnitten
- 1 kleine Zwiebel, gewürfelt
- 1 Knoblauchzehe, fein gehackt
- 50 g Feta, zerbröckelt
- 1 EL natives Olivenöl extra
- 150 ml Hühnerbrühe
- 1 EL Tomatenmark
- 1 TL Oregano
- 1 TL Thymian
- Salz und Pfeffer nach Geschmack
- Frisches Basilikum

Zubereitung:

1. Erhitze das Olivenöl in einer Pfanne über mittlerer Hitze. Füge die Hähnchenwürfel hinzu und brate sie, bis sie rundum goldbraun und durchgegart sind. Nimm das Hähnchen aus der Pfanne und setze es beiseite.

2. In derselben Pfanne füge die Zwiebeln und den Knoblauch hinzu. Brate sie, bis sie weich und goldfarben sind.

3. Gib nun die Zucchinischeiben in die Pfanne und brate sie ein paar Minuten mit, bis sie weich werden.

4. Mische das Tomatenmark unter das Gemüse in der Pfanne und lasse es kurz mitbraten.

5. Füge die halbierten Kirschtomaten und die Hühnerbrühe hinzu und lass das Ganze etwa 10 Minuten köcheln, bis die Tomaten weich sind.

6. Gib nun das gebratene Hähnchen zurück in die Pfanne. Streue Oregano, Thymian, Salz und Pfeffer darüber und lasse das Ganze weitere 5 Minuten köcheln.

7. Zum Schluss mische den zerbröckelten Feta unter und garniere die Pfanne mit frischem Basilikum. Guten Appetit.

Teriyaki-Hühnerspieße

Zubereitungszeit: 25 Minuten
Portionen: 1 Person

Zutaten:

- 150 g Hähnchenbrust, in Würfel geschnitten
- 1 EL Teriyaki-Sauce
- 1 EL Sojasauce
- 1 TL Honig
- 1 EL natives Olivenöl extra
- 1 mittelgroße Paprika, in Stücke geschnitten
- 1 mittelgroße Zwiebel, in Stücke geschnitten
- 1 TL Sesamsamen
- Frischer Koriander, gehackt
- 1 Spritzer Zitronensaft

Zubereitung:

1. Mische Teriyaki-Sauce, Sojasauce, Honig und Zitronensaft in einer kleinen Schüssel, um die Marinade herzustellen. Lege die Hähnchenbrustwürfel in die Schüssel und lasse sie für etwa 10 Minuten marinieren.

2. Während das Hähnchen mariniert, schneide Paprika und Zwiebel in Stücke, die auf die Spieße passen.

3. Nach der Marinierzeit fädele abwechselnd Hähnchen, Paprika und Zwiebel auf Spieße.

4. Erhitze das Olivenöl in einer Pfanne über mittlerer Hitze. Lege die Spieße in die Pfanne und brate sie von allen Seiten an, bis das Hähnchen durchgegart ist und das Gemüse zart ist. Wende die Spieße regelmäßig, damit sie gleichmäßig garen.

5. Wenn die Spieße fertig sind, bestreue sie mit Sesamsamen und garniere sie mit frischem Koriander. Guten Appetit.

Hähnchen-Curry mit Ananas

Zubereitungszeit: 30 Minuten
Portionen: 1 Person

Zutaten:

- 150 g Hähnchenbrust, in Würfel geschnitten
- 100 g frische Ananas, gewürfelt
- 50 g Brokkoli, in kleine Röschen geteilt
- 1/2 kleine Zwiebel, gewürfelt
- 1 EL Kokosöl
- 150 ml Kokosmilch, ungesüßt
- 1 TL Currypulver
- 1/2 TL Kurkuma
- Salz und Pfeffer nach Geschmack
- 50 g Basmatireis, gekocht
- Frischer Koriander
- 1 TL Sesamsamen

Zubereitung:

1. In einer Pfanne das Kokosöl bei mittlerer Hitze erhitzen. Die Hähnchenwürfel hinzufügen und rundherum anbraten, bis sie goldbraun und durchgegart sind. Das Fleisch aus der Pfanne nehmen und beiseitestellen.

2. In derselben Pfanne die Zwiebel hinzufügen und anbraten, bis sie weich und goldbraun ist. Anschließend die Brokkoliröschen hinzufügen und kurz mitbraten.

3. Nun die gewürfelte Ananas und die Kokosmilch in die Pfanne geben. Alles gut umrühren und zum Kochen bringen.

4. Hähnchenwürfel zurück in die Pfanne geben und Currypulver sowie Kurkuma hinzufügen. Alles gut vermischen und mit Salz und Pfeffer abschmecken. Das Curry für ca. 10 Minuten köcheln lassen.

5. In der Zwischenzeit den Basmatireis nach Packungsanleitung kochen.

6. Das fertige Curry über den gekochten Reis geben und mit frischem Koriander und Sesamsamen garnieren. Guten Appetit.

Geflügel-Wraps mit Avocado

Zubereitungszeit: 20 Minuten
Portionen: 1 Person

Zutaten:

- 150 g Hähnchenbrust, in Streifen geschnitten
- 1 Vollkornwrap
- 1/2 reife Avocado, geschält und in Scheiben geschnitten
- 1 TL natives Olivenöl extra
- 1 kleine rote Zwiebel, fein gehackt
- 50 g Naturjoghurt
- 1 kleine Tomate, gewürfelt
- 1 Handvoll frischer Spinat, gewaschen
- Salz und Pfeffer nach Geschmack
- 1/2 TL Paprikapulver, edelsüß
- 1/2 TL Kreuzkümmel
- 1 EL frischer Bio-Zitronensaft
- 1 EL frische Petersilie, gehackt

Zubereitung:

1. Erhitze das Olivenöl in einer Pfanne über mittlerer Hitze. Füge die Hähnchenstreifen hinzu und würze sie mit Salz, Pfeffer, Paprikapulver und Kreuzkümmel. Brate das Hähnchen, bis es durchgegart ist, etwa 5–7 Minuten, und stelle es beiseite.

2. Lege den Vollkornwrap auf einen Teller und verteile die Avocadoscheiben, gewürfelte Tomate und gehackte rote Zwiebel gleichmäßig darauf.

3. Verteile den frischen Spinat über die anderen Zutaten und füge die gebratenen Hähnchenstreifen hinzu.

4. Mische in einer kleinen Schüssel den Naturjoghurt, Zitronensaft und die gehackte Petersilie und gib dieses Dressing über die Füllung im Wrap.

5. Rolle den Wrap vorsichtig zusammen und fixiere ihn mit einem Zahnstocher, wenn nötig. Guten Appetit.

Selbstgemachte Hähnchen-Nuggets

Zubereitungszeit: 30 Minuten
Portionen: 1 Person

Zutaten:

- 150 g Hähnchenbrust, in kleine Stücke geschnitten
- 40 g Vollkorn-Semmelbrösel
- 1 EL natives Olivenöl extra
- 1 TL Paprikapulver, edelsüß
- 1 TL Oregano, getrocknet
- 1 TL Zwiebelpulver
- Salz und Pfeffer nach Geschmack
- 100 g Naturjoghurt
- 1 EL Senf

Zubereitung:

1. Heize deinen Ofen auf 200 Grad vor.
2. In einer Schüssel vermische die Vollkorn-Semmelbrösel, Paprikapulver, Oregano, Zwiebelpulver, Salz und Pfeffer. Das wird die Würzmischung für die Nuggets.
3. Tupfe die Hähnchenstücke mit einem Küchenpapier trocken und lege sie in die Schüssel mit der Würzmischung. Wende die Hähnchenstücke, sodass sie rundum gut mit der Mischung bedeckt sind.
4. Lege die panierten Hähnchenstücke auf ein mit Backpapier ausgelegtes Backblech. Träufle etwas Olivenöl über jedes Stück.
5. Backe die Nuggets im vorgeheizten Ofen für etwa 15-20 Minuten oder bis sie goldbraun und durchgegart sind.
6. Während die Nuggets im Ofen sind, vermische den Joghurt und Senf in einer kleinen Schüssel, um einen Dip zu machen.
7. Sobald die Nuggets fertig sind, nimm sie aus dem Ofen und serviere sie mit dem Joghurt-Senf-Dip. Guten Appetit.

Desserts

Protein-Schokomuffins

Zubereitungszeit: 25 Minuten
Portionen: 1 Person

Zutaten:

- 30 g Mandelmehl
- 15 g Kakaopulver
- 1 TL Backpulver
- 1 Bio-Ei
- 50 ml Milch oder ungesüßte Mandelmilch
- 25 g Proteinpulver, Schoko-Geschmack
- 10 g Kokosöl, geschmolzen
- 10 g Erythrit
- 1 kleine Prise Salz
- Einige Tropfen Vanilleextrakt

Zubereitung:

1. Heize deinen Backofen auf 180 Grad vor.
2. Vermische Mandelmehl, Kakaopulver, Backpulver und Salz in einer mittelgroßen Schüssel.
3. In einer anderen Schüssel verquirle das Ei mit dem Erythrit und füge die Milch, das geschmolzene Kokosöl und den Vanilleextrakt hinzu. Vermische alles gut miteinander.
4. Gib die feuchten Zutaten zu den trockenen Zutaten und rühre alles gut um, bis keine Klumpen mehr vorhanden sind.
5. Füge das Proteinpulver hinzu und rühre erneut um, bis alles gut vermischt ist.
6. Verteile den Teig gleichmäßig auf zwei Muffinförmchen.
7. Backe die Muffins im vorgeheizten Ofen für etwa 15 Minuten, oder bis ein Zahnstocher, den du in die Mitte eines Muffins steckst, sauber herauskommt.
8. Lasse die Muffins einige Minuten abkühlen, bevor du sie aus der Form nimmst. Guten Appetit.

Vanille-Proteinpudding mit Beeren

Zubereitungszeit: 15 Minuten
Portionen: 1 Person

Zutaten:

- 30 g Proteinpulver mit Vanillegeschmack
- 200 ml Milch oder ungesüßte Hafermilch
- 10 g Speisestärke
- 50 g gemischte Beeren, gewaschen und geputzt
- 10 g Honig
- 1 TL Vanilleextrakt
- 1 Prise Salz

Zubereitung:

1. Du beginnst, indem du die Milch in einen kleinen Topf gibst und bei mittlerer Hitze erwärmst. Achte darauf, dass die Milch nicht kocht!

2. Während die Milch erwärmt wird, mischst du in einer kleinen Schüssel das Proteinpulver mit der Speisestärke und dem Salz.

3. Wenn die Milch warm ist, gibst du die Protein-Stärke-Mischung dazu und verrührst alles gut mit einem Schneebesen, um Klümpchen zu vermeiden. Du lässt die Mischung unter ständigem Rühren weiter erhitzen, bis sie eingedickt ist.

4. Sobald die Mischung die Konsistenz eines Puddings erreicht hat, entfernst du den Topf vom Herd und fügst den Vanilleextrakt hinzu. Vermische alles gut miteinander.

5. Du verteilst den warmen Pudding in einer Schüssel und verteilst die gemischten Beeren obendrauf. Träufele den Honig über die Beeren. Guten Appetit.

Quarkauflauf mit Kirschen

Zubereitungszeit: 30 Minuten
Portionen: 1 Person

Zutaten:

- 100 g Magerquark
- 50 g frische oder gefrorene Kirschen, entsteint und halbiert
- 1 Bio-Ei
- 1 EL Honig
- 1 TL Vanilleextrakt
- 1 Prise Salz
- 20 g Haferflocken
- 1 TL Backpulver

Zubereitung:

1. Heize deinen Ofen auf 180 Grad vor und fette eine kleine Auflaufform ein.

2. In einer Schüssel vermische den Quark mit dem Ei, Honig und Vanilleextrakt. Rühre alles gut um, bis die Masse schön glatt ist.

3. Gib die Haferflocken und das Backpulver dazu und mische es erneut gut durch.

4. Lege die halbierten Kirschen am Boden der Auflaufform und gieße die Quarkmasse darüber.

5. Schiebe die Form in den vorgeheizten Ofen und backe den Auflauf für etwa 20 Minuten oder bis er fest und goldbraun ist.

6. Lass den Auflauf ein wenig abkühlen. Guten Appetit.

Protein-Bananenbrot

Zubereitungszeit: 40 Minuten
Portionen: 1 kleines Brot

Zutaten:

- 1 reife Banane, zerdrückt
- 30 g Proteinpulver (z.B. mit Vanille- oder Schokoladen-geschmack)
- 50 g Vollkornmehl
- 1 TL Backpulver
- 1 EL Honig
- 1 Bio-Ei, verquirlt
- 50 ml Milch
- 1 EL Mandeln, gehackt
- 1 Prise Salz
- Etwas natives Olivenöl extra zum Einfetten

Zubereitung:

1. Heize deinen Ofen auf 180 Grad vor und fette eine kleine Backform mit Olivenöl leicht ein.

2. In einer Schüssel vermengst du die zerdrückte Banane mit dem Ei, dem Honig und der Milch.

3. In einer anderen Schüssel mischst du das Vollkornmehl mit dem Proteinpulver, dem Backpulver und einer Prise Salz.

4. Füge nun die feuchten Zutaten zu den trockenen und rührst alles gut um, bis ein homogener Teig entsteht.

5. Gib den Teig in die vorbereitete Form und streue die gehackten Mandeln darüber.

6. Backe das Bananenbrot im vorgeheizten Ofen für etwa 25 Minuten oder bis ein Zahnstocher, den du in die Mitte steckst, sauber herauskommt.

7. Lass das Brot einige Minuten in der Form abkühlen. Danach herausnehmen und auf einem Gitter vollständig auskühlen lassen. Guten Appetit.

Protein-Brownies mit Walnüssen

Zubereitungszeit: 20 Minuten
Portionen: 1 Person

Zutaten:

- 30 g Proteinpulver, Schoko-Geschmack
- 20 g Kakaopulver
- 30 g Mandelmehl
- 30 ml Mandelmilch, unge-süßt
- 10 g Kokosöl, geschmolzen
- 20 g Walnüsse, gehackt
- 1 TL Backpulver
- 1 EL Erythrit
- Eine Prise Salz
- 5 g dunkle Schokolade (min. 70% Kakao), grob gehackt
- Frische Beeren, zum Garnieren (z.B. Erdbeeren, Blaubeeren)

Zubereitung:

1. Heize deinen Ofen auf 180 Grad vor und lege eine kleine Backform mit Backpapier aus.

2. In einer Schüssel vermische das Proteinpulver, das Kakaopulver, das Mandelmehl und das Backpulver. Füge eine Prise Salz hinzu und mische alles gut durch.

3. In einer anderen Schüssel vermische das Kokosöl mit der Mandelmilch und dem Erythrit, bis alles gut vermischt ist.

4. Gib die flüssige Mischung zu den trockenen Zutaten und verrühre alles zu einem glatten Teig.

5. Füge die gehackten Walnüsse und die dunkle Schokolade hinzu und hebe sie vorsichtig unter den Teig.

6. Fülle den Teig in die vorbereitete Backform und streiche die Oberfläche glatt.

7. Backe den Brownie im vorgeheizten Ofen für etwa 10-12 Minuten oder bis ein Zahnstocher, den du in die Mitte steckst, sauber herauskommt.

8. Lass den Brownie ein paar Minuten abkühlen, bevor du ihn aus der Form nimmst. Garniere ihn mit frischen Beeren und genieße ihn warm oder kalt. Guten Appetit.

Apfel-Zimt-Proteinriegel

Zubereitungszeit: 15 Minuten
Portionen: 1 Person

Zutaten:

- 1 kleiner Apfel, gewürfelt
- 30 g Whey Proteinpulver, Vanillegeschmack
- 15 g Haferflocken
- 10 g Mandeln, gehackt
- 5 g Chiasamen
- 1 TL Zimt
- 1 EL Honig
- 2 EL Wasser
- 1 EL Kokosöl

Zubereitung:

1. Zuerst heißt du deinen Backofen auf 180 Grad vor.
2. In der Zwischenzeit mischst du die Haferflocken, das Proteinpulver, die gehackten Mandeln, den Zimt und die Chiasamen in einer Schüssel zusammen.
3. Nun fügst du den gewürfelten Apfel hinzu.
4. In einem kleinen Topf erwärmst du das Kokosöl, den Honig und das Wasser, bis sie gut vermengt sind, und gibst die Mischung zu den trockenen Zutaten.
5. Alles gut vermengen, bis eine homogene Masse entsteht.
6. Forme mit deinen Händen zwei Riegel aus der Masse und lege sie auf ein mit Backpapier ausgelegtes Backblech.
7. Backe die Riegel für etwa 10-12 Minuten, oder bis sie goldbraun sind.
8. Lass die Riegel etwas abkühlen. Guten Appetit.

Vanille-Protein-Eis

Zubereitungszeit: 10 Minuten
Portionen: 1 Person

Zutaten:

- 200 ml Mandelmilch, unge-süßt
- 30 g Proteinpulver mit Vanillegeschmack
- 1 reife Banane, in Scheiben geschnitten
- 1 TL Vanilleextrakt
- 1 EL Kakaopulver
- 1 EL Erdnussbutter
- Eine Prise Salz
- 5 Eiswürfel
- 1 EL gehackte Nüsse oder Samen nach Wahl

Zubereitung:

1. Lege zuerst die Bananenscheiben in den Gefrierschrank, bis sie fest sind, etwa 1 Stunde.

2. Nachdem die Bananen gefroren sind, gib sie zusammen mit der Mandelmilch, dem Proteinpulver, dem Vanilleextrakt, dem Kakaopulver, der Erdnussbutter und dem Salz in einen starken Mixer.

3. Mixe alles auf hoher Stufe, bis die Mischung glatt und cremig ist.

4. Füge die Eiswürfel hinzu und mixe erneut, bis das Eis die gewünschte Konsistenz erreicht hat. Wenn du möchtest, dass das Eis fester ist, kannst du mehr Eiswürfel hinzufügen und erneut mixen.

5. Serviere das Eis in einem Schälchen und garniere es mit den gehackten Nüssen oder Samen deiner Wahl. Guten Appetit.

Eiweißreicher Käsekuchen

Zubereitungszeit: 25 Minuten
Portionen: 1 Person

Zutaten:

- 150 g Magerquark
- 1 Bio-Ei, gut verquirlt
- 30 g Mandelmehl
- 10 g Proteinpulver mit Vanillegeschmack
- 1 EL Honig
- 1 TL Bio-Zitronensaft
- 1 TL Vanilleextrakt
- 1 Prise Salz
- 1/2 TL Backpulver

Zubereitung:

1. Heize den Ofen auf 180 Grad vor und fette eine kleine Backform ein.
2. Nimm eine Schüssel und mische den Magerquark und das verquirlte Ei sorgfältig zusammen.
3. Füge Mandelmehl, Proteinpulver, Honig, Zitronensaft, Vanilleextrakt und eine Prise Salz hinzu. Mische alles gut durch.
4. Streue das Backpulver darüber und rühre erneut, bis der Teig gleichmäßig und ohne Klumpen ist.
5. Gieße den Teig in die vorbereitete Backform und verteile ihn gleichmäßig.
6. Backe den Käsekuchen etwa 15 Minuten lang oder bis er fest und goldbraun ist.
7. Lass den Kuchen kurz in der Form abkühlen, bevor du ihn herausnimmst. Nach Belieben kannst du noch etwas frisches Obst oder einen Klecks Joghurt darüber geben. Guten Appetit.

Mohn-Protein-Muffins

Zubereitungszeit: 25 Minuten
Portionen: 1 Person

Zutaten:

- 30 g Mohn, gemahlen
- 20 g Proteinpulver mit Vanillegeschmack
- 50 ml Mandelmilch, ungesüßt
- 1 Bio-Ei, verquirlt
- 20 g Kokosmehl
- 5 g Backpulver
- 10 g Birkenzucker
- 1 Prise Salz
- Einige Tropfen Vanilleextrakt
- 5 g Kokosöl, geschmolzen

Zubereitung:

1. Den Backofen auf 180 Grad vorheizen und zwei Muffinförmchen mit etwas Kokosöl einfetten.

2. In einer Schüssel Mohn, Proteinpulver, Kokosmehl, Backpulver, Salz und Xylitol miteinander vermengen.

3. In einer anderen Schüssel das verquirlte Ei, die Mandelmilch, geschmolzenes Kokosöl und einige Tropfen Vanilleextrakt gut vermischen.

4. Die flüssigen Zutaten zu den trockenen geben und alles zu einem glatten Teig verrühren.

5. Den Teig in die Muffinformen füllen und im vorgeheizten Backofen etwa 15 Minuten backen, bis die Muffins goldbraun sind und der Teig fest geworden ist.

6. Aus dem Ofen nehmen und einige Minuten abkühlen lassen, bevor du die Muffins aus der Form löst. Guten Appetit.

Kokos-Proteinbällchen

Zubereitungszeit: 15 Minuten
Portionen: 1 Person

Zutaten:

- 30 g Kokosraspeln
- 40 g Proteinpulver
- 1 EL Chiasamen
- 1 EL Leinsamen, geschrotet
- 50 ml Mandelmilch, ungesüßt
- 1 TL Vanilleextrakt
- 1 TL Honig
- 20 g dunkle Schokolade (min. 70 % Kakao), grob gehackt

Zubereitung:

1. In einer Schüssel vermischt du die Kokosraspeln mit dem Proteinpulver, den Chiasamen und den geschroteten Leinsamen.

2. Füge Mandelmilch und Vanilleextrakt hinzu. Mische alles gründlich durch, bis die Zutaten gut miteinander vermischt sind und eine homogene Masse entsteht.

3. Gib Honig dazu und knete die Masse gut durch, bis sie schön klebrig wird. Wenn die Masse zu trocken ist, füge noch ein wenig mehr Mandelmilch hinzu, bis die gewünschte Konsistenz erreicht ist.

4. Forme mit den Händen kleine Bällchen aus der Masse und lege sie auf einen Teller. Du solltest etwa 10 Bällchen formen können.

5. Streue die gehackte dunkle Schokolade über die Bällchen. Rolle die Bällchen dann in der Schokolade, bis sie rundherum damit bedeckt sind.

6. Lass die Bällchen für etwa 15 Minuten im Kühlschrank fest werden. Guten Appetit.

Schlusswort

Liebe Leserin, lieber Leser,

wenn du diesen Text liest, hast du dich durch eine Vielzahl von Rezeptideen und kulinarischen Inspirationen hindurchgeblättert. Dafür möchte ich dir von Herzen danken. Ich hoffe, dass dieses Kochbuch für dich nicht nur eine Ansammlung von Rezepten, sondern auch eine Inspirationsquelle für eine bewusste und abwechslungsreiche Ernährung geworden ist.

Essen ist ein wichtiger und zentraler Teil unseres Lebens. Es versorgt uns nicht nur mit den notwendigen Nährstoffen, sondern bietet auch Gelegenheit für Gemeinschaft, Kreativität und Genuss. Deshalb ist es mir wichtig gewesen, Rezepte zusammenzustellen, die nicht nur gut für den Körper, sondern auch für die Seele sind. Ich hoffe, dass die Gerichte, die du aus diesem Buch zubereitest, sowohl deinen Geschmack als auch dein Wohlbefinden bereichern.

In diesem Sinne: Guten Appetit und viel Freude beim weiteren Entdecken, Experimentieren und Genießen. Und vergiss nicht, es warten noch viele weitere Rezepte darauf, von dir entdeckt zu werden.

Impressum

Copyright © 2024 – Vanessa Zimmermann
Verlagslabel: KochKreationX

Dieses Buch wurde mit der Unterstützung von KI erstellt.

ISBN Taschenbuch: 978-3-384-22450-7
ISBN Hardcover: 978-3-384-22451-4
ISBN E-Book: 978-3-384-22452-1

Druck und Distribution im Auftrag des Autors/der Autorin:
tredition GmbH, Heinz-Beusen-Stieg 5, 22926 Ahrensburg, Deutschland